敏感得剛剛好

高敏感族情緒整理術

讓憤怒、悲傷、嫉妒、焦慮
不再破壞你的人際關係！

The Emotional Compass
How to Think Better about Your Feelings

伊麗絲·桑德 Ilse Sand—著　梁若瑜—譯

序

這本書是寫給想要在情緒層面上更了解自己的人。這本書也是寫給心理治療師、心理學者和其他協助他人處理情緒難題的臨床執業人士。

從多年來講授心理學相關課程的過程中，我發現，如果希望複雜的教材能更容易被普羅大眾接受，個案研究扮演了非常重要的角色。因此在本書中，列舉了許多源自我案主和學員生活中的例子，其中也包括我自身的例子。

我在本書中所傳遞的知識，一部分源自我先前多年來擔任課程設計者和講師的教材，一部分源自我身為治療師的經驗。我發現，更了解心理學機制的原理，和了解機制彼此如何互相影響後，讓我所接觸到之人的生活大幅改善了，現在我希望透過這本書觸及更廣泛的大眾。

我在本書中所給的建議，是採取簡潔直接的取向，這樣用意並不是要讀者把這些建議視為唯一正確的生活方式。每個人都有很大的差異，從來就沒有一種人人皆適用的「正確」處世方法，請找出適合你自己的方法，我的建議只是提議，你可以選擇聽從也可選擇不聽從，你可感受看看是否適合你。你也可能走出一條全然不同的路，一條我尚未見過的路。

你如果把本書從頭到尾讀完，將能受益很多，但也可把本書當成參考書，每個章節獨立分開閱讀。

伊麗絲・桑德

目錄

前言

我先是以牧師身分，後來以心理治療師身分，聆聽了別人傾吐心事許多年，我經常近距離且長時間關注他們生活中的喜悅和艱困。

由於對情感缺乏一般性的常識，往往連帶衍生出許多問題，問題經常多得令我驚訝。有些人受困在不健康的模式裡，因為他們試圖改變無法改變的事物，有些人則對其實可以改變的事物束手無策哭泣，還有些人則因為不適當的思考習慣，而被困在不必要的衝突裡，但只要你握有所需的知識，就能修正這一切。

我發現人只要獲得了必要的知識，很容易就能找到自己的出路。只要能多了解情緒心理的運作方式，他們就能匯聚出更多精力去改變他們人生中所能改變的事物，並對自己所無法控制的事物，拋開想掌控的欲望。

透過本書，我希望以真實經驗做為基礎，用簡單易懂的文字傳遞心理學知識，一旦你明白了你真實的感受為何且為何會有這種感受後，找出適合自己的處世方式就會變得容易許多。

第一章——釐清你此刻最主要的感受

情緒未必總是表面上看起來的那樣。譬如說，假設你看到一個女人在哭泣，你可能會認為她很悲傷，但她也可能是害怕或生氣。事實上，女人「悲傷」表象的背後，通常隱藏著好幾種不同感受。

假如你看到一個男人顯露出憤怒的表情，你並不能完全確定他的感受到底是什麼，因為男人其實害怕、悲傷、憂鬱或崩潰時，通常也會顯露出憤怒的表情。有時候，連我們自己也不確定自己最主要的感受到底是什麼。你越能精確覺知自己的感受，採取行動就越容易。

你可以先區辨究竟是基本感受還是綜合感受，基本感受是所有人和較先進的動物物種普遍都能察覺的，其他感受則可視為基本感受的各種不同綜合結果。

哪些感受該被視為基本感受，至今仍有商榷餘地。但治療師們一致認為，以下四種感受屬於基本感受：

- 快樂
- 悲傷
- 恐懼／焦慮
- 憤怒

而這四種感受已足以解釋我們所感受到的大多情緒了。好比說，失望乃是融合了悲傷和憤怒，緊張則可能是焦慮和快樂參半。

如果我不確定自己現在的感受是什麼，我會依以上四種感受，問自己以下這些問題：

「有什麼事令我生氣嗎？」

「有什麼事令我悲傷嗎？」

「我是否對某件事感到害怕？」

「是否有一絲我所沒發現或察覺到的快樂？」

一旦回答出這些問題後，我描述自己的感受就容易得多了。

感受的不同程度：察覺最初始的醞釀

我們往往要等到一個感受累積到某種程度後，才會開始有所察覺。如果0代表沒有感覺，10代表你所知道的最強感受，你說不定要等到，好比說，累積到5以後，才會開始有所感覺。如果以**快樂**的感受為例，最初級的醞釀會讓你有一種隱約覺得愉快的感覺。如果達到最高強度，你很可能會想要唱歌、跳舞或擁抱別人。

你可以趁感受在最初級的醞釀時，就練習有所察覺。如果我們談到快樂，就算它才剛萌芽，強度只達到2的等級，如果學會如何有所覺知，你便將能從中獲得更多喜悅。說不定你會因為一道陽光拂過你臉龐或有路人對你微笑就變得快樂。

快樂的感受

想要擁抱別人、親吻和跳舞

感到溫暖

內心感到喜悅

感到興致勃勃

感到輕鬆

覺得有力量

覺得有些雀躍

隱約覺得愉快的感覺

悲傷的感受也可分成好幾種程度。如果相當早就察覺到悲傷的感受，你就有更多餘力能決定要如何應對。在第六章，你可讀到如何能要嘛選擇讓自己遠離悲傷的感受，要嘛徹底臣服於悲傷，並以「服喪」的心情走完整個歷程。

說到**憤怒**，尤其重要的是要能越早有所察覺越好。一旦你盛怒到暴走的程度，

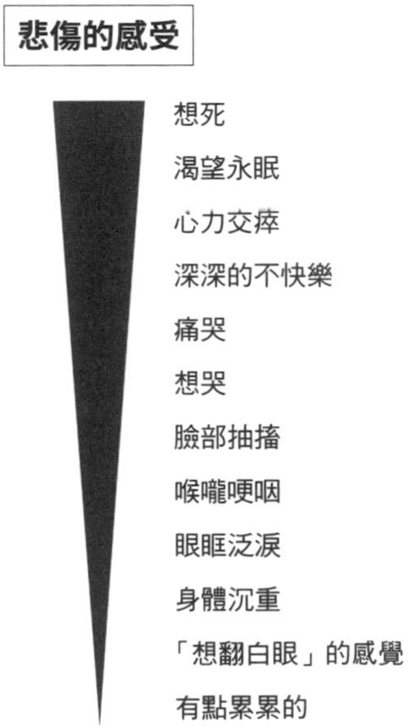

就很難清楚思考了，因為到了這種程度，思考容易變得非黑即白的二元式思維，我們以同理心看待對方的能力也減弱了。

講授憤怒相關課程時，我常請學員檢視他們所察覺到的憤怒，在初始醞釀時的情形是如何。有些人說會感覺冷冷的，有些人說會熱熱的，還有些人開始對事情不耐煩時，在肚子有特殊感

憤怒的感受

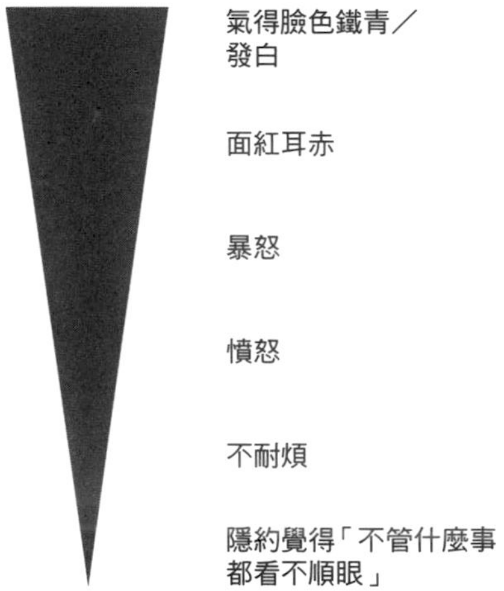

覺。如果你練習察覺自己的身體，可有助於你覺知各種感受，就算感受還很輕微也一樣。

你的感受強度，會隨著你所因應的人際關係不同而有所不同。如果你的感受牽涉到別人的感受，那麼通常對方對你而言越重要，你的感受就會越強烈，包括負面感受在內。事實上，如果你所愛的人，無法用你覺得你有需要的事物來回報你，那麼你將會特別痛苦。但倘若對方是附近的小店老闆或郵差，你的痛苦感受大概一半都不到。

如果你從小被教導做人要盡可能隨和，千萬別讓自己的感受造成別人的負擔，那麼你將非常難建立親密關係。為什麼有些人一直單身、從來遇不到合適的對象，我想有時候原因是無意識的，連當事人也渾然不覺。因為要是他們遇到了向他們示愛的對象，他們會變得害怕自己的感受，於是為了保護自己，他們很快就開始挑對方的毛病，利用這些毛病當作退縮的藉口。他們將會對自己和對別人說：「他並不適合我。」

透過你的想法發覺你的感受

有時候，和案主坐在一起，而案主告訴我她很悲傷，我能感受到或許背後還牽涉到其他感受。在這種情況下，案主的想法會是不錯的指標，想法和感受彼此是息息相關的。這就是為什麼我總會問：「你此刻感受背後的想法是什麼？」如果想法是「他居然那樣對待我，實在很不應該」，那麼感受應該不是悲傷而是憤怒；如果你的想法是對別人的道德批判，那麼感受是憤怒；如果你的想法圍繞著不公平的對待，那麼感受也是憤怒。

快樂時的典型想法：

我好幸運。

那真美麗。
真是美好的一天。
明天將會更好。
事情原本可能更糟，我很高興事情沒變得更糟。

悲傷時的典型想法：

一直想著你原本希望擁有的事物，或許你一直想著，要不是因為多出一筆意外開銷，原本安排而被迫取消的那場旅遊計畫不知該有多美好，或你心裡原本很希望帶某人同遊，對方卻選擇以其他事情做為優先考量。

或你不斷想著要是自己能更苗條、更美麗、更聰明或更有魅力就好了。

恐懼／焦慮時的典型想法：

那樣一定行不通。

我受不了這種事。

這樣我應付不來。

我一定來不及。

這樣子很危險。

憤怒時的典型想法：

他應該要更替我著想才對（道德批判）。

我早該發現的（針對自己的道德批判＝向內的憤怒）。

這樣不公平。

我被耍了。

如果你不確定自己此刻的感受為何，不妨試著檢視自己的想法，就能得到答案。另一種發覺感受的方法，是透過檢視，了解你想要的是什麼。

透過你想要什麼來發覺你的感受

感受之中，有一股衝動，有一股想採取行動的欲望。譬如以「emotion」（情緒）一字為例，指的是「諸多感受正有所活動」的意思。透過傾聽活動，你便可得知感受為何。善用你的想像力，在內心勾繪出你自己或別人正在行動的畫面，這行動要能讓此時此刻的你身體感到滿足。

有些人身體會有一種坐立不安或不滿足的感覺，卻不確定這樣是怎麼回事或為什麼會這樣。假如坐立不安的感覺，譬如說，是來自於雙腿，我通常會問這雙腿想要做什麼，假如雙腿想逃跑，感受多半是焦慮，假如雙腿想踹踢，那麼感受多半是憤怒。

如果你很生氣，多半會想要做攻擊性的舉動。然而，攻擊可能是不被允許的，所以你自己無法有所感受，或許你甚至無法感受到自己的憤怒，不禁要懷疑憤怒的感受到底是否真的存在。不妨試著想像你生氣的對象就站在你面前，他或她踩到香蕉皮滑倒了，試著感受一下你看到了會有什麼感覺。如果你的臉亮了起來並哈哈大笑，那麼你很可能是在生氣。

如果你不確定你當下的感受是什麼，一種可能的新方法是問問自己：「我的身體此時此刻想做什麼？」把注意力焦點放在你身體想做的是什麼，就能發現背後的感受為何。

承認你的感受，但別被感受盲目牽著走

你並不是你的感受。感受並不該被視為我們本然的狀態，而該被視為我們所擁有的一種東西。

請試著和你當下的某特定感受保持一點距離，再決定你到底要順勢臣服其中，還是要反其道而行。請務必要知道一個事實，就是你是有選擇權的。

撰寫這本書的時候，我不時會暫停休息，把某些章節列印出來，坐下來閱讀這些章節。有時候我覺得自己所寫的稿子亂七八糟、沒有用又不知所云，我變得很難過，想把稿子通通扔進垃圾桶。但這種時候，我決定不要順從自己的感受和欲望，我強迫自己忍耐再坐一會兒，而後來經常發生的事情是，我忽然頓悟出一種新的編排方式，文章就變得有條理多了。

說不定你也發現了，別急著逃離混亂，而是在混亂中再多待一會兒，往往能帶來意想不到的全新結果。

概要

感受是我們所擁有的一種東西，而非我們本然的狀態。我們可以選擇要嘛臣服於當下所經歷到的感受，要嘛遠離這感受，改去做別的事情，你越能精確辨識你此時此刻的感受，就越容易知道路要怎麼走。

如果你不確定自己的感受為何，不妨檢視一下和感受有關的想法，或問問你身體此時此刻想做什麼。

第二章——和你的想法保持距離

想法和感受是息息相關的，兩者相輔相成且交互影響。你無法直接駕馭自己的感受。好比說，如果你收到一個你覺得很醜的耶誕禮物，並不是你突然決定要喜歡就能喜歡的，你頂多只能假裝自己喜歡。同樣地，憤怒或嫉妒這類感受要是不存在，應該會方便很多，但你並不能否認自己這些感受的存在。

不過，你也不是完全只能任由這些感受擺佈，因為你可以透過你的想法影響這些感受，你無法掌控自己的感受，卻能影響自己的想法，和選擇要把注意力聚焦在什麼事物上。

同一個事件可喚起很多種不同感受，端看你對這些感受是怎麼想的。好比說，鄰居送了你一個禮物。如果你的第一個念頭是「他葫蘆裡在賣什麼藥呀？」你可能會感到害怕；如果你開始想「他憑什麼呀？我們根本沒商量好要交換禮物，這下我得傷腦筋回禮給他了」，你可能會感到憤怒；如果你想的是「他應該今天心情很好，才會想送禮物給鄰居」，那麼你的感受是中性的；而如果你內心想法是「他想必覺得我是個很棒的人吧」，你會是快樂的。

請務實地思考

近年來很多人注重正向思考，有些人太擅長此道了，以致於他們在自己和現實之間形成了一道過濾網，他們不論遭遇到什麼事，都能轉化成正向解讀。別人打擾到他們時，他們認為別人的出發點應該是良善的，他們恐怕永遠也無法發現自己從自己人際關係中獲得的有多麼少，因而選擇一直待在一段他們其實應該要認真考慮拋下的關係中。

重點不是只要盡可能用正面方式思考就好，如果你太天真，有可能會出很大的狀況，如果我告訴自己，我是個走到哪裡都受歡迎的人，等到有朝一日，我發現外面顯然有些人不見得很喜歡我時，我一定會飽受打擊，甚至會崩潰。

這就是為什麼你的思考要盡可能務實，如果用太正面的眼光看待周遭世界，你就需要擦一下眼鏡，才能看到世界真正的樣貌。那麼一來，你在世上遊走將能更順利。

要是你傾向於從負面角度思考，你也將需要擦一下眼鏡，才能把這世界和你自己看得更清楚，別讓視野受到負面扭曲了。如果能想辦法做到這一點，你的心情和精力層級都將提升，很重要的是，思考要盡量務實，別太負面也別太正面。

永遠要記得，你並不是你的想法，想法是你所擁有的一些東西，和想法保持適當的距離是很重要的。

請客觀看待你的想法，如同把它們當作是別人的想法，把想法寫在一張紙上是很不錯的做法。這麼一來，你就比較容易能讓自己和想法保持距離，請評估看看這些想法是否務實，要是你無法斷定，我非常建議你找別人討論一番，別人比較能客觀看待這些想法，理由很簡單，因為別人不是你。

請留意你拿誰和你自己做比較

我每隔一陣子就會遇到一個年輕又不快樂的相談對象，他在臉書上看到朋友們的許多際遇都精采又成功。我的感覺是，人的注意力焦點都放在成功的事情上，失敗的事情則往往不會被提及。那麼一來，你很容易對別人的生活情形產生相當扭曲的理解。

你永遠都能找到對象來和自己相比，對方會讓你有一種你失敗了的感覺。不論你生活有多順遂，永遠會有人過得比你好，有些人甚至簡直有自虐傾向，專門拿自己和聽聞的成功事蹟相比，他們往往把別人過度理想化，因而低估了自己在人生中的成就。

如果你有這種傾向，我建議你做以下這個小練習。請想像你面前有個和你相同性別的人，此人身體有殘疾且住在老年安養院，請拿你自己和此人相比較，你將發現你心情會越來越好，因為你會對你目前所擁有的東西和目前有能力做到的事心懷感恩。

這其中有很大一部分牽涉到你問自己的都是哪類問題，如果你問的是：「和各大報章雜誌都在報導的那個非常成功的人相比，我的成就還不及那個人的一半，我到底還有哪裡不夠好？」你就是把注意力焦點放在你的缺點上。不過，如果你是問：「我怎麼沒淪為露宿街頭的街友？」你就是把注意力焦點放在你的資源上。而倘若你問：「我人生中的美好事物都有哪些？」你是把焦點放在生活中帶給你快樂和希望且你也很重視的事物上。

概要

如果你腦袋裡很容易充斥著對你自己、你的未來或對其他人的負面想法，你不妨試試一種新方法，就是把注意力焦點放在你的想法上。拉開你自己和想法間的距離，以便能客觀評估這些想法，如果這些想法不切實際或令你心情灰暗，你也可終止這些想法，接著問問你自己：「我還能換什麼別的方式思考這件事？我能把焦點放在什麼別的事情上面嗎？」

有一項事實需要留意，就是如果所有想法都要轉換成正面想法，那麼你對現實的知覺必然也將有所改變，如果抱持某個正面想法意味著要扭曲現實，那麼還不如抱持一個較為務實的負面想法。比方說，還不如想著「我計畫在院子舉辦派對的那天，有可能會下雨」並預先設想好備案的B計畫，而別想「那天當然不會下雨，沒事幹嘛下雨？」

第三章——避免不必要的衝突

仔細檢視你憤怒的想法

有某些衝突是你所無法避免的，因為避免的代價太高了，如果你不劃清界線，而選擇面對那些衝突，你將發現你的個人空間受到局限了。不過，有些衝突是不必要的，因為只要改變態度，或許便足以解決難題，正面衝突也顯得多此一舉了。

每當覺得自己越來越生氣，我會做的第一件事就是檢視我怒氣背後的想法，說不定我之所以憤怒是因為自己曲解了現實，只要修正錯誤後，我怒氣立刻全消了。

有一次，我某個星期五下午在等著收一封重要的電子郵件，網路連線卻在這時故障了。隨著時間過去，我越來越不耐煩。時間繼續流逝，我開始想像網路的維護小組說不定已經提早下班，興高采烈去過週末假期了，說不定他們已經出去狂歡，我卻還氣呼呼枯坐在這裡等他們回覆。我腦海裡浮現了一群年輕人去參加派對的模樣，我心情怎麼也平靜不下來。

一意識到自己的想法後，我換了個畫面。我想起我兒子十多歲的時候，只要電腦出狀況，他就非常困擾，接著我想像幾個年輕人正在努力搶修網路，我看到他們為了及時修復而忙得滿頭大汗，我的怒氣瞬間下降到我能夠應付的程度，我現在有辦法先專心做別的事情了，網路也在一個鐘頭後恢復正常運作。

把事情視為個人恩怨

大多人偶爾會犯的錯，是把事情視為個人恩怨。簡單來說，基本上就是表示你很容易認為，別人之所以做了那些事，不知怎麼地是為了和你作對或為了惹你發火，這是一種有點幼稚的自我中心想法。這種情況下，我們像小孩子一樣，認為自己是宇宙的中心，因而忘記了別人之所以做了那些事，最有可能是因為他們自己內在狀態所導致，所以我們並不是他們宇宙的中心，反而他們自己才是他們宇宙的中心。

譬如說，我兒子和我相約見面，他卻遲到了。我內心開始想著「兒子遲到了，因為他不尊重我，他不在乎我的時間。」但我兒子可能是因為太投入某件事，結果太忘我，完全忘了時間，我自己也很容易這樣，這是我遺傳給他的，開始這麼想以後，我不氣了，反而快樂了起來。

如果不確定我和憤怒有關的這些想法是否正確，我有時候會直接詢問我生氣的對象（如果和對方夠熟的話）。這種情況下，我會把自己的想法告訴對方，等到確認我的想法正確無誤後，才會表達出我的憤怒。

舉例說明，有一次，我說：「每次我來找你，你整個家裡都亂七八糟，我連個能坐下來的地方也沒有，你明明知道我多麼在意整潔這件事，我心想你並不怎麼關心我的需求。」對方的回應可能類似：「我知道你喜歡什麼都乾乾淨淨整整齊齊，但我也知道你真的很需要我的陪伴和關注。由於今天白天工作壓力特別大，比平常大很多，所以我選擇先去慢跑一圈，這樣我腦袋裡的很多想法就不會對你造成負擔，現在我很放鬆了，真的可以好好聽你說說你最近的事了。」

不用說也知道，這種情形下，我的怒氣頓時一掃而空，我也因為免去了一場吵架和恐怕會鬧僵的氣氛，而感到如釋重負。

憤怒可能是不切實際的期望所導致

我曾經有一次對我的保險公司非常生氣，一面在家裡激動來回踱步，一面想著該如何向他們投訴，我內心翻騰不已，心中唯一一個揮之不去且真的令我很激動的想法如下：「我繳錢給保險公司已經繳了這麼多年，現在終於需要他們理賠了，理賠金額居然少得可憐」，我緊接著的下一個想法是「我被耍了」。

有時候你的想法會在你內心裡一直兜圈子，因而激發出各種不同情緒。說不定你發現你很容易就認定你的想法是正確無誤的，而要是你繼而任由自己被內心想法所激起的這些特定感受盲目牽著走，你很可能結果耗費了很多精力在憤怒和衝突上。

想法會激起情緒，趁著自己隨這些情緒起舞之前，將想法徹底檢視一番，真的是很值得的。我們通常並不想和自己的想法拉開距離，管它浮現什麼想法或感受，順著它們率性而為，實在簡單多了。讓自己保持距離意味著必須集中注意力到某種程度，向後退一步，觀察你正在做什麼，彷彿自己是個旁觀的局外人。

幸好，我還沒投訴就先做了這件事，我花了一段時間思考保險公司的實際營運方式，以及我此刻和他們之間的歧見。這時我才發現，我的憤怒乃是源自於錯誤的期待，因為我沒清楚意識到現在實際的情況為何。

三思後，我能明白保險公司的營運方式並不像銀行，銀行客戶存多少進去就能領多少出來，甚至還有利息，保險公司花很多錢在行政人員和理賠專員等人員的薪水上，所以你繳給保險公司的錢，不能視為投資，你不能期望從中獲利，你是花錢買一種安全感。一旦從這個角度思考後，我的怒氣降到一個我能夠掌控的層級，因此我又能好好專心工作了。

如果你有很多精力是花在生氣上，有可能是因為你對現實的認知需要調整了。比方說，如果你認為自己是個理應受到特殊禮遇的人，那麼你人生中注定要經常感到失望了，如果你認為幸福和快樂是你有權利要求的事，也同樣要失望了。

丹麥漫畫家妮可琳・薇德林（Nikoline Werdelin）受訪時曾這麼說過：

把快樂視為一種能長期恆存的事，是我們從小到大所學到的一種最具破壞性的觀念，一如「完美」一詞，快樂是一種不太可行的概念，因為它稍縱即逝。反而我們一出生就該有人告訴我們：「哈囉，歡迎，我只想告訴你，你現在所來到的這個地方有時候真的會把你嚇壞，你將覺得自己像個膽小鬼，你將覺得自己被某人或某事物出賣了，有時候你會很快樂並體驗到些許親密感——前提是如果你非常非常幸運的話——而如果你學會閱讀識字，那麼你將永遠不會真的很寂寞。」

但我們成長過程中的體驗並非如此，這便是為什麼遲早有一天，注定要感到很深的失望，並意識到快樂並不持久。你錯愕不已，很快就發現日復一日的生活中其實充斥著焦慮、憤怒和誤解。

此文摘自《PASSIONER, Atten stafetsamtaler》

作者：彼得・厄維・努森（Peter Øvig Knudsen），Gyldendal出版社，一九九八年出版

我之所以選擇摘錄這段訪談，是因為相較於如今大家十分注重的「當一個快快樂樂的人」，我認為這段訪談提供了很有意思的對照。我們一天

到晚在廣告上看到幸福家庭的畫面，因此要是我們的人生未能達到一個快樂的人所該達到的標準，我們便很容易怪罪自己，或譬如可能怪罪我們的另一半。

婚姻關係中許多問題之所以產生，往往是因為一方或雙方不如他們所預期的快樂，而實在太容易就把過錯怪到另一半頭上了。

概要

當你決定和自己的想法保持距離，並更仔細檢視激發憤怒的想法時，你是在為你的情緒負起更大的責任了。這麼一來會比較不會再把過錯怪到別人頭上，說些「這下你惹得我很生氣」之類的話。你反而會說：「我很生氣因為我以為……」

如果你向來經常因為憤怒而和別人起正面衝突，有個你不妨試一試的新方法，就是先把你的想法更徹底檢查一遍。你多半將發現，這麼一來，你起衝突的次數改變了。此外，你將能以更有建設性的方式釋放和運用精力。

就算你本來就已很擅長察覺負面思考模式，防患於未然，並藉此避免掉不必要的衝突和爭端，在下一章，你將認識到有一種憤怒，是無法透過改變思考模式或態度或轉移注意力焦點而避免的。

第四章——傾聽憤怒背後那些較柔軟且脆弱的感受

我經常聽到案主引述自我成長書籍說，表達自己的憤怒是有益健康的。他們跟著書上的建議做後，其中有些人陷入衝突情境，結果變得比之前更生氣了。有一個很基本的原理是，你向某人表達你的憤怒後，必然也將在他們心中激起憤怒的感受，憤怒是有傳染性的。

有些時候一切順利，或許你們倆只是需要透過吵架把話好好說清楚，之後又能笑看這一切。有些時候你表達憤怒後，卻可能讓情況急轉直下。

以前大家相信只要透過各種不同方式發洩憤怒就能擺脫怒氣，譬如揍枕頭，但最近這觀點開始有所轉變，你如果用你身體做出攻擊性舉動，其實會適得其反，也就是說，你只是在延長你的怒氣，或甚至更糟糕的，你是在強化你的怒氣。找人談一談怨氣心事，或做個放鬆小練習，效果其實更好得多。

柔軟且脆弱的感受

說到憤怒，它其實往往是在掩飾很多其他脆弱的感受，只要你能觸及這些背後的感受，就能將它們轉化為全然不同的能量，能帶來更多昇華和療癒感。

有時候，憤怒是最主要的情緒，這種情形下，能把憤怒表達出來通常是很好的。然而，依我的經驗，我發現憤怒通常位居其次，憤怒屬於次要情緒時，它便成為一種相對表象的情緒層次，通常被用來保護這層表面下更深且更關鍵的其他感受，從整個情境來看，這樣也更說得通了。

不同情境下的主要和次要憤怒

憤怒形成的原因可能有很多種。找出導火因素後，你就能想出適合的方式來因應憤怒，因為你將發現，憤怒的起因不同時，你的需求也不同，憤怒形成的原因一共可分成四大類：

1. 別人的言語或行為傷了你的自尊。依我的經驗，這是憤怒形成最常見的原因，你的自我形象受到打擊。

2. 別人想給予你親密感或同情心，你當下卻不想要或不敢要，憤怒或不耐煩是一種自我保護，是一種幾乎自動化的防衛機制，以抗拒別人想給予你的親密感。

3. 別人的舉動違反了你的價值觀或守則。

4. 所發生或正在發生的事情，違背了你的心願或欲求。

以下進一步探討這四大類起因。

1. 自我形象受到威脅

因自尊受傷而引起的憤怒稱作自戀式憤怒。你的自我形象受到打擊時，通常會想要到處告訴別人你對於對方所說或所做的事有多麼生氣，甚至想要報復對方，就像小孩子被說了難聽的話時常說「你才是啦」一樣。你很可能也會想要拚命解釋，其實主要是想扭轉對方對你的印象，但這些辦法通通沒用！不論是表達你的憤怒，或攻擊別人，都無法改變他們對你的印象，而且對情況絕對沒有幫助。解釋也是沒有用的，解釋反而可能激怒對方，因為他或她可能只想要相信自己的直覺，並不怎麼想聽別人意見，只想固守他或她對你的看法。

舉個例子說明，漢斯對他太太茵嘉說：「你是不是有點懶惰？」她一聽就發現到自己生氣了，也發現自己想要拚命辯解，解釋自己其實已經完成了一大堆事情。要是這樣沒奏效，是因為以這個案例來說，憤怒是次要的，憤怒底下很可能隱藏著另外兩種本質上更脆弱的情緒。

其中一種是悲傷難過，她很難過自己未能以自己所希望的模樣被看待。以這個案例而言，比較合適的做法是表達出她的悲傷難過，譬如可以說：「你眼中的我竟然是那個樣子，我很遺憾」或許還可說：「我眼中的自己並不是那個樣子」，他聽了可能會說：「那麼你眼中的自己是什麼樣子？」這時她就能娓娓道出她的解釋，因為漢斯表達了傾聽的意願。

自戀式憤怒下所可能隱藏的另一種感受，是焦慮。譬如以茵嘉的案例來說，她心裡可能會納悶，既然他眼中的她是那個樣子，他是否還想繼續和她住在一起，還是她恐怕會被他拋棄？不論她的這份恐懼是否有任何根據，她都可以進一步問：「你覺得我懶惰時，表示你就比較不喜歡我了嗎？」他可能會回答：「不會，一點都不會，我覺得我出門上班時，你這麼懂得好好享受生活，實在很棒，因為這樣表示我下班回家時，你會更放鬆且快樂。」於是她的憤怒和恐懼將頓時煙消雲散，這對敏感的人而言尤其有助益。為了這種事而吵架實在是浪費時間。

如果情況相反過來，是你的言語或舉止，引發了對方的自戀式憤怒，你可以選擇不要關注憤怒，而把注意力聚焦於隱藏在底下的悲傷或恐懼。如果你能讓對方看到，你有能力從他們身上看到正面的層面，而他或她也能認同你所說的話，那麼將有助於讓情況平靜下來。

假設我對某人說，我覺得他看起來似乎特別敏感或脆弱，而他的回應是他生氣了。之所以生氣，要嘛可能因為這不是事實，要嘛可能因為他不希望被那樣看待，或許因為他認為敏感意味著軟弱，而他從小就學到必須要「很酷」才不會被人拋棄。

與其為此起爭執，我會做的第一件事就是敞開心胸，接受我或許出錯了的可能性，然後我會附帶一提說，如果有人敢真情流露，我認為是一種堅強，我會覺得他在很多方面是個堅強的人，也會是個讓人相處愉快的人。這麼一來，我既安撫了他的恐懼，也舒緩了他的痛苦。也許我在內心會更覺得他脆弱了，但我只會把這想法放在心底，有朝一日，他或許將更有能力應付並接納自己的那個面向。

如果因為我談起自己和他相處時的不愉快經驗，而和他分享了我對他的看法，導致我不得不面對他的憤怒，我也大可選擇表達我的不悅。但那麼一來，我只會更加深他憤怒底下的恐懼和悲傷，而那樣他的憤怒也只將有增無減。

這是否表示我將永遠無法表達我的不悅呢？我可以等事情比較平靜下來後再找機會提起，或可以寫在我日記裡。幸好，隨著年紀增長，我們大多人都越來越懂得接納自己的感受，但未必一定要立刻表達出來，這樣是好事，因為這樣能避免我們捲入太多衝突，也避免我們在一些情境中被迫面對別人的憤怒或傷心，其實只要我們把自己當下的反應留在心底，這些情境原本就能和平落幕。儘管把感受留在心底未必總是上上策，也可能導致其他問題，但能有選擇的機會總是好事。

你的反應，將取決於對方的傷人話語，究竟是針對你個人，還是針對你的舉止。也就是說，對方所不認同的，到底是你的行為舉止，還是你本身。如果你認為對方是針對你的行為，那麼你可以選擇改變。譬如：你同事說你在工作上做得不夠多，假如你同意他的看法，並發現你做得比他少，同時又有機會能變得更有效率，那麼你就能選擇改變你的行為，你甚至可能因此對自己變得更滿意了。

2. 需要自我保護

舉個例子的話，蘿妮在工作上未能如願升遷，下班後和先生皮爾一起在家裡，她此刻很脆弱，還沒準備好要面對自己失望的感受。她在廚房裡刻意讓自己很忙碌，這時皮爾伸出手臂環抱住她，她卻開始罵他，嫌他買的食材不好。

這個案例的憤怒也是一種次要感受，有可能是掩飾，也可能是一種保護，不想經歷自己的感受是情有可原的，把感受大聲說出來也是很不錯的。譬如，你可以說：「此時此刻，我不想要經歷或感覺到自己的感受，我和感受保持距離的最佳方式，就是和你也保持距離。」或許還可說：「這和你無關，等我心理準備好談這件事的時候，我再告訴你。」

還有一種可能是，你所體驗到的憤怒，幾乎像是一種被迫承受的反應，是你所無法全然掌控的。或許你原本希望彼此能更親密，且在內心深處並不希望彼此間的距離變得這麼大，但你（也許是突發性）的憤怒，導致你和別人之間形成了距離。如果是這樣，我建議你找專業治療師談談，如果你不想遠離別人卻被迫遠離別人，對你而言是很浪費精力的，而且這是可以透過專業協助而改善的事。

3.價值觀或守則受到打擊時

你對別人的舉止心生憤怒反應時，可能和守則有關。除了社會現有的法律和規範外，人人皆有一套規矩或守則，有可能是傳承自父母，也可能是自創，而且他們都嚴格遵守。大多數人並未真正意識到自己這些守則的存在，檢視這些守則一番，或許可帶來益處。

對方可能做了一件你不准自己做的事。比方說，要是有人說話滔滔不絕，且似乎不太在乎自己所說的內容別人是否感興趣，我可能會對此人很不耐煩，遇到這種情形，我有兩種選擇：一是我可以試著讓對方改變他或她的行為，不然就是我改變我自己的行為。以本例來說，我可能會考慮是否該讓自己說話更隨興一點，而別時時覺得自己必須衡量對方對我所說的內容究竟感興趣到什麼程度。

如果你對自己的要求非常高，你將很容易看不順那些或許允許自己比較放鬆的人，也許不妨留意一下你自己的守則，並決定看看是否其中有些守則可調整更動。

然而，說到價值觀，則又是另一回事了，假如你有一則價值觀是你必須保護並照顧大自然和野生動物，要是看到有人在野外傾倒有毒物質，你想必會很生氣。這種情況下，我就不建議你對殺蟲劑抱持較放鬆的態度了，捍衛你的價值觀，反而將有益你的身心平衡，譬如你可以積極參與和你有著相同價值觀的活動團體。

4. 心願未能滿足時

這類情況下，正在發生的事令你很困擾，但並不是因為你覺得自尊受損了，或別人和你貼得太近了，或別人行為違反了你的守則或價值觀。換句話說，這一大類主要是事情的走向不是你所想要或渴望的，而且也不屬於以上三大類。

以下是一些例子：

- 你遇到某件事，導致你延後或無法抵達目的地（工作受到阻礙）。
- 你未能如願以償（即失望，亦即一種綜合感受，憤怒可能佔了其中很大一部分；綜合感受請見第一章）。
- 別人撈過了你的界線、挪動了你的物品，或和你的另一半跳舞時太親暱了，後者可能喚起一種動物身上常可清楚見到的地域性憤怒。

以上所有情況中的憤怒都是主要情緒。彷彿憤怒之所以浮現，是為了設下界線，和為了趕走障礙物。比方說，要是發現鄰居把車停在你家車庫門口，你想必會感到怒火中燒，並開始準備採取行動。你可以選擇告訴鄰居說，你對這件事氣到不行，覺得他實在很不懂得替別人著想，表達你的憤怒確實可以讓你心中很暢快，感覺就像你的整個系統很徹底地一吐怨氣。只可惜，這種快樂通常很短暫，因為想當然耳，你對別人發脾氣，別人也會還以顏色，你鄰居一定會表達出被那樣興師問罪有多麼不愉快。

我通常建議我的案主和課堂學員，盡量改以心願的方式表達自己的憤怒，假如你生氣了，表示你當下有心願未能獲得滿足，如果你能清楚知道這心願是什麼，並勇敢將它表達出來，而不只是表達憤怒而已，那麼你多半能獲得更好的結果。所以，譬如你可以對鄰居說：「麻煩你以後能把你的車停到我車庫往左一公尺的地方，那樣我車子開出來會比較容易些。」鄰居多半會很樂意配合。

或是有位同事未先經過你同意就借用了你的電腦，你也許可以說：「麻煩你下次先詢問一下是否能借用我的電腦，那樣我才來得及先儲存我的資料，確保不會有任何東西被誤刪。」這個心願，通常也能順利如願以償。

有正在發生的事情違背了你的心願時，除了表達心願以試圖改變情況之外，還有另一種可能性，即你可以選擇放棄讓這個心願如願以償，你放棄努力後，憤怒會轉化為悲傷，比起憤怒，悲傷更能讓人深刻體會人生和無常。悲傷不是靜態的，而會隨著時間淡化，過了或短或長的一段時間後，通常會徹底消失。之後，你多半會發現其他的心願和可能性。

譬如假設那位沒先詢問就借用你電腦的同事，他不肯滿足你的心願，不肯事先詢問是否能借用電腦。你可以和他吵架，不然也可以放手，並準備迎接一種新情形。如果無法依照你起初的心願行事，當然很令人失望，但過了一陣子以後，你應該會漸漸習慣新情形，也養成每次只要一離開辦公桌就儲存所有資料的習慣。

憤怒為次要情緒時，不妨檢視隱藏在底下的其他較脆弱感受。憤怒為主要情緒的時候，你以心願的形式表達出憤怒或許會是較為有益的。或你也可選擇放手。本章稍後將進一步介紹放手的各種方法。

*

模型一概述了憤怒浮現的四大類原因，以及處理各類憤怒的對應工具。在以下說明中，將以「工具箱」稱呼圖表中的四個區塊。

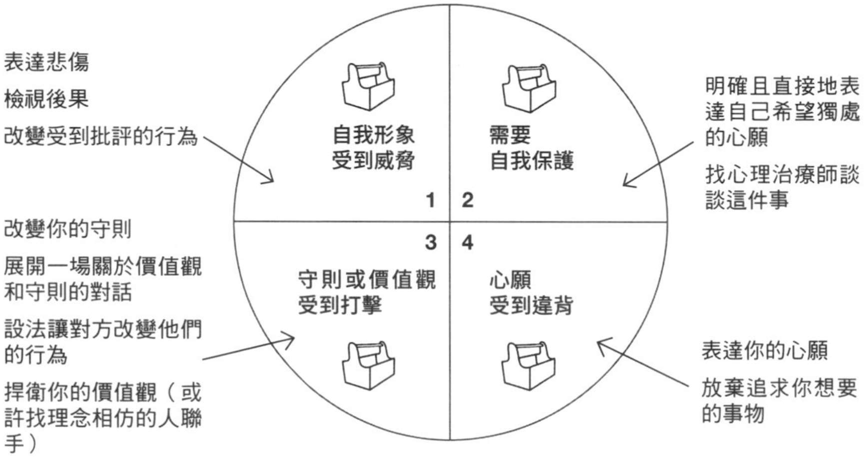

模型一：憤怒的四大類起因，以及處理各類憤怒的對應工具

某些情境是同時落入好幾種類別

案例A

假設你朋友事到臨頭才緊急取消和你見面的約定。這種情境基本上主要屬於第四大類「心願受到違背」。

但就算你如釋重負（因此心願並未受到違背），因為，譬如說，你也許精神欠佳，實在沒有體力迎接客人，這其中還是有可能多少涉及到其他類別。

說不定你有一條守則禁止你取消約定，導致你認為你朋友的行為是錯的（第三大類）。說不定你的自我形象也受到打擊，因為你朋友取消了和你見面的約定，使你覺得你未受到他的尊重或重視，要是他並未正式道歉，你更容易產生這種感覺（第一大類）。

如果某情境同時落入好幾種類別，你就能從更多種不同工具箱選取工具：

● **一號工具箱裡的工具（你的自我形象受到打擊）**：檢視一下是否有任何原因使你覺得你比較不受到重視，不妨問問你朋友，他是否經常取消和人見面的約定，還是說是因為你本身的關係。如果他之所以取消見面的約定，顯然是因為他不重視和你的友誼，那麼你可以表達你的悲傷，說：「我對你的重要性竟只有這樣而已，令我很難過」或「我但願你能更重視我一些」。

● **三號工具箱裡的工具（價值觀或守則）**：考慮看看你是否能調整你的守則，讓守則別這麼嚴格。如果守則內容類似「你絕對不能取消約定好的時間或約定」或許你可修改成「除非你有個真正很好的理由，不然不能取消約定」。不過，你也可能很滿意你現有的規矩，因而不希望作調整。

你可展開對話，把你的守則或價值觀告訴你朋友，並問問他的守則或價值觀有哪些。說不定你們倆談到最後，會發現彼此的規矩和價值觀有很大的不同。不過，談談彼此的規矩，仍可讓你們雙方更了解彼此各自的反應。

你也能以直接提出要求的方式，嘗試改變你朋友的行為，譬如告訴他：「如果我和我朋友一起安排活動，活動能如期進行，對我來說是很重要的。如果你以後需要改變我們的計畫，希望你能盡早提前告訴我。」

● **四號工具箱裡的工具（心願受到違背）**：透過表達心願的方式堅守你的心願，譬如可以說：「我很希望本來你取消前能再多考慮一下，我原本很期待見到你，我想我們本該能一起度過 段很愉快的時光。」

如果對方依然無法不取消約定，你發現你朋友並不真的很重視你，你可能就必須考慮這段關係是否值得繼續經營下去，因為似乎有個不得不付的代價，亦即只要有他更重視的人邀約他，他就將取消和你的約定。不然的話，你也可以不再嘗試改變你朋友的行為，而選擇忍受他的行為，因為你不想要失去他。

在大多情況下，你起初應該會表達你的心願，希望藉此能讓事情有所轉變，要是事情無法轉變，你有時候會選擇放下這段關係，或對事情轉變不再抱持期望。然而，某些情況下，你也可能一開始就能認清情況是無法改變的，或要是你試圖改變，情況將變得太棘手，於是你連心願都未表達就選擇放下這段關係。

如果你覺得你朋友是個特別值得深交或有趣的人，你多半會選擇不再試圖改變這情況，而是慢慢養成為此付出代價的習慣，如果你發現你並不覺得他有那麼值得，或許你該給他下最後通牒：你們一起做計畫時，要嘛他得信守承諾，要嘛你以後不再和他一起安排活動了。

模型二中的陰影區域，代表處理這個案例中的憤怒所使用到的工具。陰影區域的面積大小代表著該工具箱所佔的重要性。

案例B

我們再來看看另一個同時牽涉到好幾種不同類別的例子。

假設你鄰居說你很不公平。你的自我形象受到打

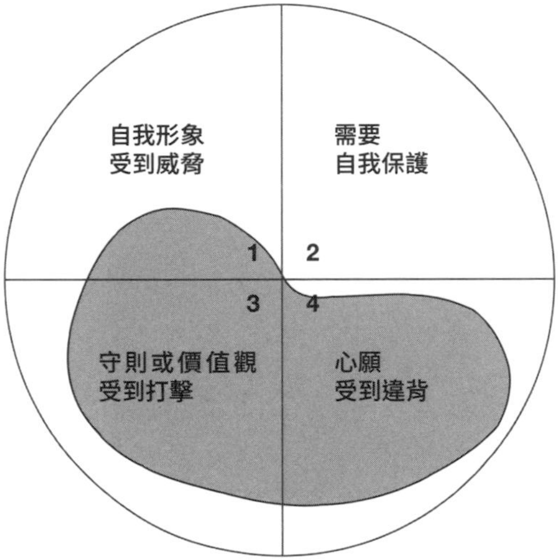

模型二：陰影區域代表處理案例A中的憤怒所使用到的工具

擊，也就是第一大類。如果他對你說話時的口氣不是和顏悅色的，而是當著別人的面，對你怒氣沖沖大吼大叫，那麼可能也屬於第四大類（心願受到違背），或許也包括了第三大類（價值觀或守則）。

這種情況下，你便可從好幾個不同工具箱取用工具：

- **一號工具箱裡的工具（你的自我形象受到打擊）**：可表達出你的悲傷，譬如可以說：「你覺得我不講道理，令我覺得很遺憾。」你或許還可說：「或許你說得對吧」或「我並不這麼認為」。

你也可以檢視看看這對你們未來的關係有什麼影響，譬如你可說：「希望這樣不代表以後我們不能一起去體育館看足球賽。」

- **三號工具箱裡的工具（價值觀或守則）**：你可選擇調整你的守則，尤其如果你的守則是類似「你不准大聲罵人，不准大吼大叫對別人造成困擾」或「如果你要向某人表達異議，要私底下談，別當著大家的面談」。

這麼一來，你比較有機會和鄰居談談你的價值觀，並請他在和你說話時態度上要尊重你的喜好。

● **四號工具箱裡的工具（心願受到違背）**：你可以選擇表達你的心願，即希望別人能以尊重的態度和你說話。

你也可以選擇不再試圖改變你鄰居對你說話的方式。如果他譬如是因為年紀大了，或有心理疾病，或有精神疾患，才導致在人際互動上顯得比較奇怪，你最好的辦法可能是對他多忍耐。

模型三中的陰影區域代表在本案例中所使用到的工具。

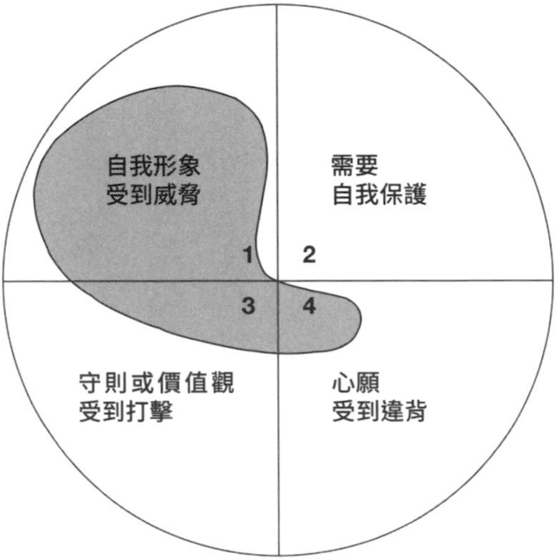

模型三：陰影區域代表處理案例B中的憤怒所使用到的工具

無助感和悲傷被憤怒掩飾時

如先前提過的，我們所體驗到的憤怒，往往掩飾了其他感受，而處理這些感受才是更有建設性的。這些感受底下，往往蘊藏著一條新路徑，這路徑能帶領我們到新的地方，也是個讓我們能更真誠、更有活力且更快樂的地方，憤怒經常浮在最表層，底下可能埋藏了許許多多各式各樣的情緒，你說不定沒察覺到這些情緒的存在，因為憤怒很容易就佔滿了絕大部分的空間。

憤怒之中也隱藏著希望，即現實是可以改變的。憤怒是一種很強烈的能量，可用來移除屏障或阻礙，也能用來對抗你想要改變的事物。只要你心中有憤怒，你就是在努力想要改變某件事，不論你是否有意識到這件事的存在皆然。

問題出在你努力想要改變的事情，有時是無法改變的。比方說，你對你的另一半很生氣，因為你希望只要你罵他或糾正他夠多次，他的基本人格特質就能改變，那麼你這樣不但是在荼毒你另一半的人生，也是在荼毒你自己的人生，而且會是白費力氣，基本人格特質改變的機會是微乎其微的。

或你一直對你年邁的父母很生氣，只要你很生氣，你就會一直拚命抗爭，你自己本身可能渾然不覺，但在憤怒底下隱藏著希望，即希望能改寫過去曾發生過的事，希望透過某種奇蹟，你仍能獲得你兒時所未能得到的東西；或至少能得到某種形式的補償；希望媽媽或爸爸到最後終將有所改變，希望你們能像童話故事裡一樣，從此過著幸福快樂的日子。

你不想要認清現實時

我們經常會一直生氣，氣到等我們變得夠堅強，能夠面對自己的失去並接受事實為止，從你敢鼓起勇氣放下一場勝利無望戰爭的那一天起，憤怒便將轉化為悲傷。而比起憤怒，悲傷的好處在於能激起別人的慈悲心，你將獲得協助。除此之外，悲傷有一種行動感，有益身心的悲傷將持續一段時間，然後你將從喪失中「服喪」結束，重獲自由，並已準備好要擦乾眼淚，尋覓新的可能性。相對地，憤怒卻可能轉變成憤世嫉俗，且終生揮之不去。

憤怒中隱藏著希望的模式，在很多類型的人際關係中都可見到，譬如前任伴侶、兄弟姊妹或員工。如果你能覺知到這份希望和正在發生的抗爭，你就比較能夠找到繼續前進的出路。如果你能在你的憤怒中發現希望，也許在可行的時候設法改變現況，也許放下希望、完成「服喪」並讓自己恢復自由，那麼你就能準備展開新生活了。

藉由服喪找到新出路，不論哀悼的是你童年未能得到的事物，或未能從你伴侶身上得到的事物，你都將更能夠看清你父母或其他人既有的模樣，你將能看到他們所有的強項和極限，就像你自己也有強項和極限一樣。而就算你永遠無法再得到一段新童年，或讓時光倒轉，讓感情關係重新來過，一旦你不再強迫別人給予你他們所沒有能力給予的事物，並放下你企圖改變現況和改變他人的心願，這些人際關係的本質仍可能有所改變。

好比說，假如你已成年的子女對你感到憤怒，你可以在談話中提及無力感，譬如你可以說：「但願我能再給你一段新的童年。」或如果你朋友之前因為你提早回家，而覺得你掃了他慶生會的興，你可以對他說：「但願我當時能採取不同的做法。」

從「應該」到「心願」：從憤怒到悲傷

「應該」是你在教化時的一個好字眼，你或者可以教化你自己，或者可以教化別人。「為了我的孩子，我應該要更有精神」是你可以對你自己作的道德批判，你把憤怒向內，針對著你自己。

你也可以對別人進行道德批判。「你應該要多替我著想」或甚至更糟的「我為你付出了這麼多，你好歹該表達一丁點感激之意」。如果你喜歡整頓內心，你可以從「道德教化」的角度開始思考，思考你和你自己的關係，或和別人的關係。

心願和希望之間的差異

心願和希望有明顯不同，希望應該要能在現實中實現，如果你所希望的事物，主要只存在於童話世界裡，你可能會變成浪費很多時間和精力，在一件說穿了其實已經死亡的事物上。舉例說明，妻子依然守著一段沒有感情的婚姻，並希望終有一天丈夫將改變他基本的人格特質。放下這份希望，對她本身才是有益的，如果不再希望丈夫有朝一日能改變，她就能更看清自己實際的處境，並判斷自己是否願意接受這處境，還是需要讓自己走出這情境。

心願就不一樣了，你的心願可以是個完全不切實際的事物；譬如說，心願是但願已過世的親人回來，哪怕只回來片刻也好，你並不能決定你內心深處的心願是什麼，你偏好黃色或偏好藍色，並不是你自己能選擇的，而是你傾聽自己內心後才發現的。從某方面來說，你就是你的心願。

每當我想要認識一個人，我就會問他或她的心願有哪些，他或她的回答能大幅增進我對此人的認識。

感受自己的心願就是貼近自己。你敢鼓起勇氣感受並接受自己此刻的心願時，你就是真真正正處在親暱狀態，如果你同時又敞開心胸傾聽別人的心願，彼此間就會出現非常優質的連結。

心願不可能是錯的

你無法主宰你的心願，你可以試著壓抑心願，但壓抑心願的代價，到頭來實在不划算。壓抑心願所需付出的代價是喪失活力、一種無意義的感覺，或就是一種廣泛性的灰色鬱鬱寡歡。

心願是充滿生命力的。如果你目前的生活和你心目中的理想生活有很大的差距，感受自己的心願可能會令你心痛，你在感受自己的心願時，將會觸碰到你的悲傷和深層自我，我寧可和我的悲傷保持良好連結，這麼一來，我就能感受到自己生氣勃勃，而不是把太多痛苦感受層層包裹後，所會感受到那種空虛、空洞的感覺。

你教化自己或別人時，你就是在觸碰你的憤怒，這憤怒如果不是向內，便是向外。在觸碰自己的心願時，如果心願無法獲得滿足，你將會感到痛苦，如果能獲得滿足，則會感到喜悅。

對自己說的「別人都能做到的事，我也應該要能做到」可以換成「但願我也能做到那些事」。第二句話中去除了責怪的意味，留下更多空間給悲傷。此外，「你原本應該要多幫忙我一些才對」可以換成「但願你當初能多幫忙我一些」或甚至更切中要點的「我好想念你的幫助」。

我希望身為讀者的你能感受得出，在談論自己的心願時，和在教化並使用「應該」一詞時，你於兩者所觸及的振動場域是全然不同的。不妨找一則你最常對自己或對別人作的批判，把句子改成「但願」或「我好想念」，然後感覺一下你內心所起的變化。不論心中多麼悲傷，都將會有更多平靜。

憤怒通常只是個最初淺的層面，很多人在憤怒的狀態一直停留很久，卻不允許自己朝更脆弱的感受往下探。這其中原因可能有好幾種：也許你無法承受隱藏在憤怒底下的悲傷，或也許你無法忍受承認了自己有無能為力的事情和無法掌控的事情後的無力感。你處在憤怒狀態時，表示你正在抗爭某件事。你越抗爭，就越不需要去感受。

對某些人來說，與其接受過去已發生的事，還不如把憤怒的感受指向某段陳舊失敗的人際關係，這樣感覺還更好一些，但過去是無法改變的呀！你身上的傷疤已然成形，你將必須與和傷疤相關的喪失和平共處，你接受了這項事實的那一天，便是你將憤怒轉化為悲傷的那一天。

而且悲傷有療癒的一面，悲傷是個需要時間的歷程，你處在悲傷狀態時，比你生氣時，更容易接收到別人的愛。你憤怒時，別人對你表達慈悲心的機會大幅下降了，憤怒會造成距離感，悲傷則能激起慈悲心。

概要

如果由於你的界線受到侵犯，導致你心中浮現怒意，你可以用心願的形式表達這憤怒，如果你向來習慣在這種情境下表達憤怒，不妨試試看的新方法是找出隱藏在憤怒之下的心願，並改而說說和這心願有關的事吧。

如果你或別人的憤怒確實掩蓋著其他更脆弱的感受，可以的話，談談這些感受吧，這樣將能在彼此間形成更好的連結，如果你不是表達自己的憤怒，而是談你的無助感、焦慮或悲傷，你將能發現一種新方法或一條新路徑，它將能讓你的人際關係變得更溫暖。

第五章——說出你的心願和欲求

如果你不喜歡衝突，可能會很想要永遠不說任何負面話語，假裝天下太平。你可能會對自己說，反正也沒那麼重要，如果遇到了你所不喜歡的事情，你會設法在兩種極端立場之間找個折衷點。這兩種極端立場，一個是把對方痛罵一頓，一個是責怪你自己。但這兩種極端之間，還是能找到一種你能對自己說的說法，而且這說法應該要盡可能是個陳述句，是一則關於你的感受的中立資訊。

也就是說，這句話聽起來不該類似「你這下子掃了我的興」，也不能像是「我總是太敏感了」。以下是一些陳述句的例子：

「你那樣看著我，會令我很緊張。」
「但願你現在能對我說些安慰的話。」
「我比較想要沙拉菜，比較不想要酸黃瓜。」
「如果我們一起安排活動，活動能如期進行，對我來說是很重要的。」

你越能清楚表達你的偏好和欲求，就越能和對方建立通暢的連結，清楚的界線有助於形成良好的交流。你越敢於展現你自己的面貌，你們之間的交流就能越深。

特別是在你不喜歡發脾氣的時候，雖然告訴自己事情也並不那麼重要，在短期內會比較簡單些，但長期下來並非好事。倘若你從來不敢說負面的事情，你的人際關係恐怕永遠會很膚淺，到頭來也無法讓你感到滿足。

如果在該堅守立場時卻不堅守自己的立場，有可能是因為自尊低：

經常有人叫我別再逆來順受，而該拍桌大罵，贏得尊重。我也曾努力要聽從這項立意良善的建議，但每次一想拉高音量，我聲音就會破音，變得又輕又弱又沙啞。

我現在發現，這是我自尊低的緣故。在內心深處，我連對自己是否有權利存在於這世界上都沒什麼安全感。我覺得自己像個錯誤，光是能夠被接納成為人類群體的一分子，我就該萬分感激了。都已經這麼好了，我實在不能再造成困擾，每當想要發脾氣時，我就會很害怕，這並不是因為我感受不到怒意，而是因為我不知道該如何讓自己的聲音被人聽見。

顏斯，四十五歲

＊

像顏斯這樣的人不需要再處理自己的憤怒，就算很多人都這麼鼓勵他也一樣，他所需要處理的是他的自尊。

如果說出你想要什麼或不想要什麼無法奏效時

有些人認為他們無法被人聽見，是因為他們並未拉高音量。我相信，這種信念裡可能仍殘留著過去經驗的痕跡，我們還是嬰兒時，大聲哭叫是我們唯一會做的事，要是爸媽不快處理掉導致我們不舒服的事情，我們只需要再哭叫得更大聲一些，在很多方面造成他們生活中的困擾，他們就會來處理了。

婚姻衝突中，我有時能看到這種策略的痕跡，或許你有時也想要讓你另一半的日子很難過，希望那麼一來，他就能了解他需要做點什麼來處理掉你的挫折感，而且你甚至可能尚未充分弄清楚他到底需要做些什麼事。這個策略以前曾經奏效過，但長大成人後，這種策略是很要命的，身為成年人，要是我們經常用我們的挫折感去打擾別人，後果通常不好；事實上，我們往往會發現不但無法得到所欲求的事物，反而會招致更多的不愉快。沉著而穩重的一句「不要」或「我希望不要這樣」或「那樣我不能接受」，效果遠比暴跳如雷來得好。

而要是在某些情境下，和顏悅色地平靜陳述出你想要什麼或不想要什麼卻行不通，那麼暴跳如雷一樣也會沒轍了。因為這通常表示這個情境是無法改變的，因為事實就是，如果你想要從某人身上獲得某個東西，很可能這個人本身並沒有這個東西，不然就是這個人不願意或沒有能力提供這個東西。

如果你已經明確說出你所不想要的事物，而情況卻依然沒有改變，針對某些行為事先約法三章有時或許能有助益，譬如「下次你再遲到，我就不等你了」。

概要

如果你把你的希望和欲求昭告周遭的人，別人將能更清楚看到你。大聲說出你的心願是尊重你自己的一種方式。就算事情最後未必總能如你所願，比起保持沉默，表達出你的心願通常還是能讓你心裡更舒坦。

如果你已經對你所不願參與的事情說「不」，事情卻沒有改善，通常即使你拉高音量，對事情也不會有幫助。也許你的新方法或新途徑，會是對所發生的事先約法三章，並透過你的行動證明你會說到做到。

第六章——抗拒「悲傷」的狀態或徹底擁抱悲傷

你的心願和想要做的事情無法實現時，你將體驗到悲傷的感受。透過把關注焦點放到愉快的事物上，你可以抗拒這種悲傷的感受。方法之一是把你一生當中，別人對你說過的好話或對你的讚許，通通列舉出來，你可以在一段時期中，養成習慣天天用至少一句關於你的讚許來提醒你自己，你可自己找出更多正面敘述句。

另一種改善心情的方法，是開始去從事你所喜歡的活動，就算你不是很感受得到自己喜歡做什麼，還是盡量試試看，看看你是否能投入某件你可能會喜歡做的事。關於增進快樂，在第十一章將進一步介紹。

如果你很容易長時間悶悶不樂，並一心想要釐清自己到底為什麼心情低落，那麼從事改善心情的活動或許會很適合你，說不定你已經努力過要找出問題的根源，卻徒勞無功，並已在這件事情上耗費太多時間了。設法找出問題根源，這樣本身並沒有什麼不好。只是別忘了，你這樣所興起的很多念頭都圍繞著問題打轉，這本身可能會讓你感到心情鬱悶，而且人未必總能找得出問題的根源；就算找出了根源，知道了以後也不見得就能讓事情有多大改變。說不定由於你太堅持要找出問題的根源，結果費了太多心思在問題上，而花在強項和資源上的心思反而太少了。

如果你已經很擅長把關注焦點放在你的強項和正面思考上，悲傷的感受卻仍有增無減，不妨嘗試一種恰恰相反的新方法：徹底擁抱悲傷，並允許自己好好大哭一場。

請特別注意，哭泣可分為兩種，我們稱之為「向外求助的哭泣」，以及「放手的哭泣」。

向外求助

退化式向外求助的哭泣：

如果此時此刻，你覺得自己既無法繼續努力，也無法放手，那麼你所經驗到的多半是退化式的悲傷。

退化的意思是指，你回頭去使用人生發展早期階段中，某種曾經非常關鍵的生存策略。比方說，已學會到馬桶便溺的孩子，夜晚又開始尿床時，我們便稱之為退化。其原因有可能是這孩子正遭遇某種挑戰，譬如可能他有了新的手足，或開始上托兒所了。

退化往往發生於我們無力再應付所遭遇的挑戰，因而變得緊張的時候，退化式的哭泣所代表的是焦慮，而非悲傷。退化式哭泣背後的想法可能類似「我再也受不了了，快來幫幫我。」

有位案主說：「有時候，我一氣之下就會開始哭，通常，就在我開始要大發脾氣時，我聲音就會破音，變得很小聲，結果發出來的聲音比較像嘶嘶的嗚噎，而不是我原本預期的咆哮。」很多女性對這種現象都不陌生。

原本很生氣的女友如果突然開始掉眼淚，很多男人會看得一頭霧水，他們從小被教導，女人掉眼淚時，你就要善待她們，他們因而很難壓抑自己的怒氣，有些男人認為女人之所以哭泣，是故意為了要讓別人有壓力，但通常並非如此，大多女性都希望自己能拋開這種退化，但她們太害怕了，於是這種退化就浮現了。

女性如果比男性更害怕憤怒，通常是因為女性從小比較常被教導生氣是不好的，她小時候可能一生氣就被關禁閉：「去待在你房間裡，不懂得怎麼安分就別出來。」於是每當她暴怒時，她對被遺棄的恐懼便大到使她退化了。

男性童年時期也有類似經驗。不過，男生的憤怒似乎比女生的憤怒較容易被人接受，另一方面，小男生可能聽過一個說法：只有愛哭鬼才會哭，基於這個理由，男性暴怒時較少退化。

向外求助式的哭泣的另一種例子可見於剛喪偶的人，他們一開始通常無法應付自己對喪偶的情緒反應，而只要仍應付不來，他們就會經常表現出這種形式的哭泣。

向外尋求關懷：

從正面來看，向外求助式的哭泣所傳遞出來的訊息，會讓我們大多人本能地想要正面回應。這訊息在說：「請關懷我。」而如果你對別人哭泣並沒有太多不愉快經驗，且對於自己哭泣也很自在，那麼別人的眼淚將喚起你對別人展現同理心的需求，那麼一來，你便是以完全自然的方式在協助他們。

如果有人說悲傷是一種負面的感受，我聽了會覺得刺耳，因為淚水可帶來一種親密感，關懷撫摸一個哭泣的人，並和此人變得更親暱，這種現象或許你並不陌生。

有些人不願承認自己渴望關懷，他們學到的是，最好凡事靠自己，別變成別人的負擔。有時候，我會遇到某個案主宣稱他自己一個人就能把某件事處理得很好，一滴淚水卻同時順著他臉頰滑落，我認為這滴淚水代表著他受到壓抑但更真誠且細膩的另一面，正透過這滴淚水發出緊急求救訊號。

你受到感動時：

某些人看電影或聽別人的人生故事時，會深受感動。我坐著傾聽案主時，有時也深受感動。我通常會選擇說點什麼，以表達自己的感動心情。依我的經驗，這麼做有助於讓案主更覺得我們正在同心協力做一件事，而且共同經歷著快樂或艱難的事情。

有不少人認為受到感動，是很尷尬的。很典型的例子是，有人稱讚你，或送你禮物，於是你眼眶泛淚，可能哽咽了。淚水意味著這對你非常重要，你非常渴望別人這樣對待你，如果受到某件事感動的感覺讓你感到危險，有可能因為這只是冰山一角。在冰山水面下可能隱藏著一股巨大需求，和對愛的不快樂深切渴望。

深受感動並允許自己受到某件事物感動，是身心健康的跡象。這是一種連結交流，你藉此讓對方看到，此刻正在發生的事情是很重要的，如果看到自己送出的禮物或讚美讓別人感動了，大多人都會變得很快樂。

向外求助的哭泣何時是有益的？

你和其他人在一起時，向外求助的哭泣是有益的，我想有時候允許自己退化、讓內心變得非常幼小，並交給別人作主、安慰並支持你，是有益身心健康的。在最好的情況下，不出一陣子，元氣恢復後，你就將能夠再度使用你成年後的生存策略了。

然而，只有你自己一人時，反正也沒有人能聽到你求助，所以在這種情況下，還不如出去走一走，或用通常能帶給你喜悅和活力的事情讓你自己變得忙碌。

你想必聽過，哭一哭有益身心健康。在丹麥有一句古老諺語：

如果你讓雙眼，
淚水哭泣殆盡。
你的心將輕盈。

不過，這並不適用於退化式的向外求助哭泣，因為獨自飲泣對身心健康一點也不有益。獨自飲泣可能會持續好幾天，你恐怕反而會哭到頭痛，卻不會感受到任何的舒緩發洩。也許在當下，你能為自己做到的就只有這樣了。但這麼做的同時，千萬別以為這樣就是有益身心健康的。

如果你能夠從退化式的向外求助哭泣，切換成能為你帶來釋懷感的哭泣（我將在稍後加以描述），你將比較能把所經歷到的悲傷，視為一種過渡的「歷程」。你可以透過寫一封道別信，自行啟動這切換轉變。關於這部分，將於本章稍後及附錄一進一步說明。

放手，以及放手的哭泣

悲傷的感覺，源自於經歷到喪失。你失去了某個東西，或有某個東西你原本希望此刻能擁有卻無法擁有。不見得要是很大的東西。此外，喪失希望或喪失某個特定夢想，也可能引起哀悼的感覺。

你認清失去事實的那一刻，你將開始哭泣，有可能是悄悄落淚，也可能是全身顫抖地嚎啕痛哭。有些人會經歷這種類型的哭泣，它通常很少超過五、六分鐘，發洩和抒壓的效果足可媲美性高潮。

有些人表示說覺得自己喉嚨彷彿噎住了，他們想哭，卻似乎哭不出來。就像一股無法中斷的波浪。對某些人來說，有熟人相伴時，他們比較哭得出來，有些人則偏好獨處的時候哭泣。如果你屬於後者，並需要「一臂之力」來協助你哭出來，不妨試試以下方法，亦即我所謂的「當你自己的好家長」。

當你自己的好家長

我們人人都有個母親或父親角色或其他照顧者，他們有著人人皆有的各種資源和極限。與此同時，我們心目中也有個終極好家長的理想模樣，終極好家長能對我們所有的感受了然於心並全盤接納、能無條件愛我們，且永遠能說出我們最需要聽到的話。

請想像你自己就是這終極好家長，就照這樣對你自己說話吧。譬如說，我自己這麼做時，聽起來會類似這樣：「伊麗絲寶貝，事情的發展未能照你原本所希望的那樣，真是可惜。你這麼努力才走到這一步，而且你原本那麼志在必得……」接著我會盡可能具體詳盡地描述我原本希望的是什麼，以及要是真的實現了該有多美好，於是所有淚水將自動湧現，我便能放手了。

如果除此之外，你也擁抱自己或溫柔地撫摸自己的手臂，感受會更加強烈，但這個方法不見得總能把波浪真正中斷，我接下來將進一步探討。

對放手的抗拒感

請想像一個空的果醬罐用細繩從天花板倒掛在半空中，有隻蒼蠅受困在罐裡，拚命繞圈圈想從罐頂逃出來，但從罐頂是不可能出來的，唯一的出路是從下方罐口出來，但蒼蠅太堅持要往上飛了，因此不斷焦急在罐子最頂端繞圈圈，要是牠能讓自己降下來個幾公分，就能重獲自由了。

我自己也有這種抗拒感，不肯讓自己降到自己的內心深處，去面對某個沉重又艱難的東西，因此有時候我變成和內心壓力共處很長一段時間，最後才終於允許自己投降並放手，向下降落回我自己。

得知我有能力放手並回歸自己，讓我更有勇氣去接觸我長久以後恐怕會失去的人和事物。

有些人在經歷了很深的悲傷後變得更強健了，因為他們學到，你可以透過哀悼的心情從悲痛中走出來。有了這份認知後，人生變得不那麼危險了，有些人從未徹底哀悼某件事物，因此背負著悲傷的重擔，也許終其一生都完全或盡量設法逃避這悲傷，逃避悲傷所衍生的症狀，或許很類似創傷後壓力症候群或人格疾患的症狀，逃避悲傷也可能導致憂鬱症。

如果你和所失去的親人，彼此間的關係很糾葛，悲傷將會較深。你或許會納悶，你從這位失去的親人身上獲得的這麼少，為何悲傷還會這麼深。但過去彼此關係親暱、溫暖且單純的人，談放手容易得多。畢竟他們日後所回想起的盡會是美好回憶。

如果你們的關係是矛盾的，你從來未能從這段關係中獲得所需的圓滿感受，放手將會比較困難。你所需面對的，不僅僅是要向對方說再見，也是要向一切你從來未能得到的東西，以及向「你有朝一日仍可能從對方身上得到」的最後一絲希望，一併說再見。放棄一項未完成的作品很困難，同樣地，被迫放棄一段始終未能成功的人際關係也可能很困難。

把你的悲傷分擔出去

喪偶的人，或經歷離婚的人，如果多年後依然滿腔憤怒或尖酸，有可能意味著他們無法處理他們本身對於失去的情緒反應。若欲處理對於某件事的強烈情緒反應，一個人的「我」必須堅強到足以承受這件事，也必須至少有一位親友，支持並協助當事人接受這失去，和調適自然會隨之而來的無助和悲傷感受。

倘若放手太難，有可能因為你仍不夠堅強到足以接受你對失去的情緒反應，且仍未徹底意識到這情境所帶來的衝擊。

如果是這種情形，不妨把你的經驗，說給一個善於傾聽和協助你調適你情緒的人聽。據說分擔出去的悲傷，其沉重將減輕一半。但你選擇什麼人做為協助者也很重要。此人必須既要有能力，也要有意願協助你調適你的情緒，不然這次經驗並不會讓你有抒解釋懷感。你結果反而非常可能感到挫折又困惑，最後會覺得好像自己做錯了什麼。

這就是為什麼最好先確認對方是否能勝任後，再決定是否要開始。譬如你可以說：「我想跟你講一件對我而言非常痛苦的事。你想聽嗎？我可以現在講給你聽嗎？還是改天再講比較好？」如果和你交談的對方回答不願意或語意含糊，有可能是因為他或她以前經歷過類似的痛苦，卻被他或她壓抑了，你講起你的故事時，他或她的痛苦再度以焦慮感的形式浮現。

如果你周遭沒有人有意願或有能力分擔你的痛苦，你可轉向專業人士。善用一個你可以選擇以後再也不見面的完全中立者，好處非常多。要注意的是，就算有著心理治療師或心理學者的頭銜，也不保證對方就一定有能力調適別人的感受。欲具備處理他人感受的情緒能力，必須要先有能力掌握自身的感受，也必須要有足夠的內在資源，才能替別人承擔這樣的重荷。如果你無法確定，可以自己先小小測試一番，先談一談你以前所經歷過的較不那麼痛苦的事，看看這樣感覺如何，如果感覺還不錯，你的悲傷變得比較易於承受了，你可以繼續訴說更為痛苦的事情。

寫一封道別信

每當我感覺到對某件事物放手能讓我的某位案主受益時，我就會請他們做個小練習，寫一封道別信給他們所需要放手的人事物，案主會拿到一頁紙，上面列了一系列能激發靈感的問題，這系列問題可見於附錄一，另附上兩個參考用的道別信例子，也許撰寫這樣一封道別信將有助你放手。

你準備道別時，最好能用「謝謝你」道別。比方說，如果你準備向抽菸道別，你必須感謝抽菸所曾帶給你的所有愉快時光。如果你準備向一套舊生存策略道別，譬如你向來總是對自己說：「我凡事都非得靠自己不可」，你首先必須感謝這套策略曾帶給你非常大的幫助，它以前想必曾經非常管用，不然你不會把它納為己用，說不定你父母在養育你的過程中非常缺乏資源或能力，而這套策略保護了你，當一個隨和又聽話的孩子，或許意味著你已經盡力了，你從這段親子關係中能得到的就只有這麼多了。

你向某人道別時，應該既要感謝對方，也要祝福對方未來一切順利。道別的「farewell」一字，字面上意思確實正是你希望對方「諸事順利」；換句話說，我們希望我們正在放手的對方，在未來的人生路上事事順利，如果你無法祝福你所放手的人，那麼你便尚未真正對他們放手。

你把道別信寫好後，不妨朗讀給一個能讓你感到自在的人聽，因為能有人見證是很不錯的。如果你無法自在地朗讀這封信給任何人聽，你可唸給一棵老橡樹聽，老樹永遠都會願意聆聽。

很多人寫道別信時，會邊寫邊掉眼淚，你想必將很深刻地經歷到你的感受，並將深切體會到你寫信的對象在你人生中有多麼重要。感受浮現時，你可讓感受隨著淚水湧現，這樣經常能讓人有發洩抒解感。

憤怒和尖酸需要轉化成放手的悲傷

如果你心裡仍懷有舊的憤怒或尖酸，把它們放掉，對你的靈魂會是很不錯的，道別信恰好非常適合做此用途，請盡可能具體詳盡地敘述你所想要放手的東西。

說不定這東西不是某個現實生活中的人，而更是某個夢想或你對你自己的某特定看法。假如寫道別信未能奏效，說不定只是因為需要換一個收信對象，說不定最大的失去，倒不是某個人，而更是你對一段關係的夢想，你原本夢想著你們倆的這段關係會是某種模樣，實際上卻從來不曾那樣。或說不定你最大的失去，是失去了你因為和他或她在一起而擁有的社會地位，那麼一來，你應該是把信寫給那個夢想或那個社會地位。

給自己足夠的時間去悲傷

在我們的文化裡，我們對悲傷並不是很有耐心，悲傷的人經常被催促著要盡量快點回到原本的軌道上。但這麼一來，你恐怕會錯失了一個成長的機會，這是你允許自己人生某階段放慢下來，並允許你的能量向內投射時，所可能出現的一種機會。

依我的經驗，曾經低潮過一段時期的人，回來時經常更有活力了，對事情也有嶄新的觀點。彷彿那段時期中，他們把內心的拼圖通通散攤開來，並發現了一種新的拼湊方式。

說不定你自己曾在某段時期，允許了自己去感受痛苦、思考了你的人生，說不定還思考了你的死亡，回來時在生活中更活躍了，並發覺有些事情對你而言，變得更簡單也更輕鬆了。或許你還發現，你對快樂的感受變得比之前還更深刻了。有句諺語說：「痛苦能挖深喜悅的盆，讓盛裝喜悅的空間變得更大。」

不過當然了，關於你需要受多少苦，和受苦多久，仍該有個上限。

要是我們太早放手

在某個事物裡逗留太久，可能會浪費掉很多可能性，譬如在一段早該放手的關係裡逗留太久，可能會浪費掉很多可能性，而反之也是如此。

如果你開始更相信你自己，或許你會放棄攻讀某個不太容易取得的學位或其他學程。又或許你還沒認真考慮過自己所有的可能性，就放棄了感情交往的希望。

如果你在人生中感受到很深的挫折感和倦怠感，有可能是因為你放棄了某個你幾乎沒有它就活不下去的事物。說不定你連它是什麼都想不起來了。你當時還沒有足夠的表達能力能協助你獲取你所尋求的某種特定關注，或許你在人生中很早期的階段就放棄了它，因為受到拒絕對你而言太過痛苦了，而現在你殷殷渴望的正是那種關注，由於你從來未能得到過，因此無法確知它到底是什麼模樣，更無法知道如何能獲取它。

如果是這種情形，你需要換個方向：也就是說，你必須從放手，轉成擁抱爭取和擁抱憤怒，以累積足夠的能量，去釐清你所需要的是什麼。

第一步是徹底弄清楚，你所渴望的是什麼。有位案主曾在絕望之餘問我：「要是我想不起或感覺不到我所渴望的是什麼，我又怎麼有辦法知道它是什麼呢？」

然而，這並沒有想像中困難，從前被壓抑的渴望，經常會想要浮現檯面，它有可能以焦慮感的形式浮現，或你也可能在你的羨慕或幻想中發現它的蹤跡。

如果你找心理治療師治療一段時日，它也將在你和治療師的相處交流過程中浮現。這種時候，你就能在治療師的協助下，找出確切的字眼為何，並練習索求你所想要的東西。前提是，你必須有勇氣誠實以對到這種程度才行。

有位來找我治療一年多了的案主，某天很猶豫地告訴我，她感受到自己有點渴望坐在我腿上、被我擁抱，在治療師的看診室裡並沒有辦法滿足這樣的渴望，但這樣的渴望需要調適、徹底檢視一番，並盡可能具體詳細地表達出來。

她重新發現了自己一度放棄過的渴望是什麼以後，下一個挑戰就是要走出去，去獲取她所需要的東西。很重要的是別放棄，也別讓你的渴望再次溜走。

知道何時該爭取、何時該放手，是人生中很好的一種平衡。如果你夠有彈性，你將發現這兩者經常不斷輪流交替，某個時候，放手是最好的辦法，某個時候，可能又出現某個東西需要去爭取。

你通常會比較擅長其中某一項。如果你鬥志十足，很容易固執地持續抗爭，你想必會需要多練習放手，並多體驗隨之而來的自由感。

概要

如果你感到自己很悲傷，應對的方式可以有很多種。如果可能的話，你可以加速爭取你所想要的東西。如果仍有取得某個東西的可能，沒道理整天只哀嘆哭泣，通常訣竅在於看出可能與不可能兩者間的差異，一如那古老的寧靜禱文所言：

神呀，
請賜我寧靜，以接受我無法改變之事，
請賜我勇氣，以改變我所能改變之事，
並請賜我智慧，以分辨兩者間的差異。

如果你因為接受了某情境無法改變的事實，或因為爭取改變的代價太高了，而決定放手，你將會變得悲傷。這種情況下，依然有兩種應對方法，你可以抗拒自己的感受，把思緒轉向正面的事物上，並從事一些令你愉快的活動；你也可以順從自己的悲傷感受，尋求你所需要的關懷和照顧，徹底沉入悲傷，讓你的思緒盤繞著你原本想要的事物。或許這麼一來，你將能得到一種抒解感，和繼續向前邁進的勇氣。如果兩者都有能力做到，便再好不過了，這樣你就能讓兩者輪流交替。

我總會鼓勵鬱鬱寡歡的案主，去從事能為他們帶來快樂的活動，這樣他們就能累積足夠的能量和力氣，徹底擁抱自己的痛苦。

如果你總是傾向於抗拒人生中的痛苦，一種或許你不妨一試的新方法或策略會是，直搗你痛楚的中心，痛痛快快一次哭個夠。不過，如果你總是傾向於沉溺在自己的灰暗感受裡，或許適合你的新方法會是抗拒這些感受，並去找些能為你帶來快樂的事物。

如果其中一種方法無效，就試試另一種吧。你終將找出最適合的輪替方法，讓你得以交替抗拒和順從自己的感受。

第七章——以建設性的方式善用你的羨慕之意

我講授有關情緒的課程時，常喜歡花幾分鐘談談羨慕。課堂上經常有學員會因此經歷到「啊哈」的恍然大悟時刻。這是因為他們從小被教導羨慕這種特殊情緒，是不對的，且不好的。而聽到羨慕其實有正面的一面時，學員之中某些人，也許是這輩子破天荒頭一遭，開始有勇氣談論自己的羨慕，談論這種一直暗中折磨著他們的感受。

內心懷著羨慕的感受是一種折磨，你對它也無計可施，這種感受並不是你自己選擇要有的，倘若你自己有辦法選擇，想必會選擇讓生活中不要有這種感受。羨慕之意的基本組成元素包括渴望、需求，和未受運用的天賦。如果某人擁有或做了一些你渴望自己也能擁有或做了的事物，你便會羨慕此人。

有些人之所以向心理治療師求診，是因為覺得自己受困在灰暗悲傷中，無法察覺到或感受到自己有什麼心願。我問他們：「你想要的是什麼？」時，他們沉默不回答，他們自己也不知道自己想要什麼。這種時候，我通常會問他們：「你什麼情況下覺得羨慕別人？」就是在回答這個問題的時候，讓我們有時得以一窺許多受到壓抑的心願和渴望。

我自己當初決定要從事心理治療這一行，就是從羨慕開始。我有位朋友開有一家治療診所，每當她談起診所的事，我就羨慕得簡直心痛了。由於這情況的關係，我有好長一段時間受羨慕所苦，又因為自己無法單純替她開心而感到慚愧，等我開始認真看待自己所感受到的羨慕之意，辭去了白天的正職工作，設法發揮自己的天賦並投入深深吸引著我的這一行後，才終於和自己重修舊好。

羨慕蘊含著重要訊息

丹麥合格執業心理治療師、作者暨神學者班特・佛克（Bent Falk），把羨慕之意稱為地雷偵測器，它能指引我們找出自己的渴望和未受運用的天賦。

羨慕之中蘊含著渴望，很有可能還蘊含著未受運用的天賦。如果你徹底去感受渴望，而且更確切來說，如果你勇敢去察覺或感受你所渴望的到底是什麼，往往因此會有一條供你向前邁進的道路出現。

我有位案主名叫顏斯，他非常羨慕他富有的親戚。套句他的話：「我再怎麼努力也沒辦法變得那麼有錢，那根本就是超出我的能力範圍。」但你向下探索更深層的自己時，有時候會浮現出一條新的路徑或道路。因為說起來，財富本身到底為什麼這麼美好呢？

對顏斯而言，理由顯然有兩個。其一是比較自由，不必這麼拚命工作，其二和他的自我形象有關，他希望別人眼中的他是個幸運的人。

他後來想到辦法變得更自由了，他搬到一棟較便宜的房子，並降低自己對一些東西的開銷，他發現那些東西對他來說並不是真的那麼重要，他也想到辦法和老闆商量，讓他放或長或短的無薪假，結果事實證明，對於享受這新獲得的自由，他其實非常有天分。

我們檢視他為何需要被別人視為幸運的人時，很快就發現，背後有個創傷事件。從前在學校裡，他是全班上最不幸的孩子，因為他遭霸凌了很多年。父母終於得知霸凌情形後，把他轉到另一所學校。從此之後，他不願再提起霸凌往事，不願再回想，只想努力忘掉，專心過現在的生活，假裝一切從來沒發生過。但每當他遇到不幸的經驗，譬如和他有錢的親戚坐在一起時，從前在學校時那無助、孤單和被排擠的感覺又會悄悄爬上心頭。

有一次他成功克服了這個創傷，不再感到自己迫切希望自己比別人更幸運或更有福氣，他頓時發現這種想法造成了疏離，現在他只想當個最普通的普通人，和別人平起平坐，並享受這種時候彼此間的交流。

想要摧毀的欲望

羨慕是一種綜合感受，它包括了好幾種其他基本感受，其中最強的一種通常是悲傷，悲傷中包含了感傷和你所渴望之物的空缺，憤怒在這之中也佔了或多或少的一部分，對方長篇大論談著你生命中最缺乏的東西時，說不定你只會略微感到不耐煩。或說不定你實在太痛苦了，痛苦到簡直想要把對方所擁有的東西毀掉。

想要摧毀掉某個東西，這種感受本身並不危險，除非你是精神病症患者，或正受到酒精或藥物的影響，不然從感受到這種摧毀衝動，到將它實際付諸行動，兩者間仍有一段很長的距離，我但願你的價值觀不會允許你去做任何摧毀之類的事。很多人認為，如果接納了你做壞事的欲望，將會增加你實際付諸行動的機率，但其實並非如此，恰恰相反呢！越能覺知自己的感受，你就將越能夠掌控自己的行動。

羨慕之意中也包括了喜悅的元素，因為你能察覺並感受到對方有多麼快樂，以及你自己要是能獲得相同的東西，也將能夠多麼快樂。

有些人對羨慕之意有先入為主的偏見，這尤其可見於「後來他不肯一起來，因為他就只是羨慕啦」之類的言論。但這種事並非「就只是」羨慕而已。這是一種令人極度痛苦的情緒，也可能令人非常孤單，因為心生羨慕的人，經常為此感到羞愧，因此無法向任何人談論這件事。

如果你感覺到自己內心有羨慕之意，那麼你最可能需要的是關懷和支持，以協助你發掘你自身的潛力，好讓你能在自己人生中發揮這潛力。

談談羨慕吧

羨慕之意之所以能毀掉這麼多人際關係，是因為我們幾乎從來不談論羨慕。心生羨慕的人，通常對此很羞愧，它就是個不可告人的秘密。只要我們開始更公開地談論羨慕之心，很多難題都將迎刃而解。譬如你可以輕輕鬆鬆說：「我好替你高興，同時這又令我很痛苦，我真希望相同事情也能發生在我身上。」

再舉一例或許可以是「你聊起你新戀情時，我感到好渴望噢，簡直無法好好呼吸，真希望我能分享你的喜悅，但很困難。」

回答時坦然敞開心扉，或許能讓對話通往全新境界，變成談論如何讓受苦的一方能更貼近他的心願或達到他的目標，畢竟羨慕之意的強弱，取決於羨慕者有多相信他或她也能達到相同的目標或獲取相同的事物，越相信自己也有可能做得到，就越不會心生羨慕。

有時候，必須由被羨慕的人來開啟對話，心生羨慕的人可能覺得太丟臉了，而難以啟齒。這種情況下，聽到以下的說法或許能有助益：「我感覺到每當談起我的好運，我們之間的距離就變遠了；感覺彷彿你變得心不在焉。我只是希望讓你知道，如果你聽了會不舒服，我完全能理解。」

羨慕或嫉妒的感受有時候實在太強烈了，導致你不得不結束一段友誼，或暫停一下喘口氣。如果你朋友或同事獲得了你原本所期待的加薪，太近距離聽你朋友聊他的好運，可能會太痛苦了。等過幾個月或幾年後，你們或許又能再聯絡了。

喪偶的人經常決定在喪偶初期先別再和幸福的夫妻往來，因為往來很容易會觸動舊傷口，但經過相當長一段時間後，喪偶之痛將降到一個他們能承受的程度，就算近距離看到夫妻間的甜蜜恩愛，他們也將能掌控自己的感受。

但被羨慕的人也可能覺得不舒服，諸事順利時，也可能令人孤單，和你夢想著相同事物的人，尤其他們很可能擁有和你相同的天賦才華，他們有時會覺得和你在一起相處並不容易。這是你出人頭地有時候必須付出的代價，但願你別因此就不敢成為人生勝利組。

避免說教

有些人認為羨慕是一種不好的感受，是一種我們應該要超越的感受。他們可能會說：「你心生羨慕是不公平的。」但對情緒進行道德批判並沒有什麼意義，畢竟你又不能自己隨意選擇和決定，你並沒有辦法直接選擇再也不要擁有這些情緒，就算你有辦法，也多半需要付出一定的代價，代價會是壓抑，壓抑往往意味著失去生活中一定的活力感、意義感，以及方向感。

不過，你對你的感受確實有某些影響力。若不想要讓你的羨慕之意對別人造成負擔，最好的辦法就是去取得你所想要的事物，或從此放棄一切取得的希望，透過「哀悼服喪」的心情走出來，然後為自己設立其他一些你能追求的目標。

如果你無法取得你所渴望的事物，又無法放手，與其獨自苦思又無法真正有所作為，或許不妨找專業心理治療師或生活教練談一談。

受人欣賞的喜悅和使別人羨慕你

我小時候有一段時期很羨慕我繼姊，她母親經常送她很多東西，我下次去找我母親後，便把我一些最炫的小東西，裝在小盒子裡帶回來。我在各個小東西之間加隔了錫箔紙和棉花，因此一一拿出來花了不少時間，我刻意在我繼姊面前做這件事。她是否心生羨慕，我已不復記憶，但我的用意確實是想使她羨慕我。

你也經常可以聽到小孩子在收到新東西後，臉上掛著燦爛笑容說：「你家裡一定沒有這樣的東西，對不對？」

想要使別人心生羨慕，背後的動機可能有很多種，譬如它可以是基於一種報復心態，它可以是一種被動攻擊行為，由成年人使用起來時，可能很難以判斷實際情形為何，它也可以是一種捍衛自己立場的方式，或讓自己站在一個最有利位置的方式，或說不定它只是人的一種需求，一種想要贏得別人欣賞的需求。

有些人無所不用其極想要受到別人欣賞，這經常是因為他們誤把欣賞和愛混淆了，他們童年時期得到了太多欣賞，得到的愛卻太少。

如果你發現自己在某段特定人際關係中很容易心生羨慕，尤其你通常很少羨慕別人的話，那麼你或許要想想，是否對方內心很可能潛意識地，計畫要讓他或她的成功，激起別人羨慕的感覺。有時候，一段人際關係裡的羨慕感，可能比較不是羨慕者的緣故，而更是被羨慕者本身的緣故。

我曾經有位案主名叫皮爾，他弟弟總是在講自己有多成功又多成功，講得口沫橫飛。皮爾聽得心情很不好，他會說：「但我大概只是羨慕吧。」

我開始詢問，每當他弟弟開始講自己的種種成功事蹟時，他們兄弟倆的關係是如何，這協助了皮爾大大認清了實際正在發生的事，結果是因為弟弟雅克似乎完全不關心皮爾的內心世界。雅克唯一想從皮爾眼中得到的是正面的回應，因此他期望獲得的是稱讚，而皮爾卻自責很難以滿足弟弟的期望。

但如果彼此間沒有良好的交流，或對彼此的興趣不是互相的，想必任誰也不會喜歡只被當成索取正面回應的對象。

如果你發現你不太喜歡聽別人講他們生活過得多好又多好，未必是因為你自己有羨慕之意，說不定你只是被當成工具、被物化了，沒有誰喜歡這樣，除非彼此事先清楚互相協定好這段關係的條件就是如此。

皮爾後來決定縮短和弟弟雅克相處的時間，等他不再因為感到受束縛而自責，且不再逼迫自己一次要忍受那麼多個小時之後，他發現自己變得更有精力去維繫他們的兄弟情誼，然後皮爾也變得比較容易給予雅克他所迫切需要的東西。

概要

如果你對自己的羨慕之意感到太羞愧，以致於你幾乎不敢去察覺或感受它的存在，一個或許適合你的新方法是邀請羨慕的感受浮上檯面。或許可考慮找人談一談羨慕之意，釐清你人生中欠缺了什麼東西，以及你如何能取得這東西，如果你所欠缺的東西無法取得，另一種適合你的方法或許會是徹底擁抱悲傷，然後放手吧。

如果你因為羨慕之意而失去了一段友誼或感情，你可以藉由坦然公開談論這羨慕之意而設法尋求復合的機會。不論心生羨慕的是你，還是你認為對方因為心生羨慕，而選擇不以你們的友誼為優先考量，或選擇完全結束這段友誼，這個方法都適用。

第八章——傾聽你的嫉妒之意

嫉妒是一種受鄙視的感受，很多人為此很羞愧，有些人因為自己心生嫉妒而自責不已，有些人則壓抑或拒絕對自己或對其他人承認嫉妒之意。

如果有得選擇，我想我們大多人寧可選擇不要有這種感受。然而，並不是你自己決定再也不要有這種感受，就能不要有的，倒是可以和你嫉妒的對象，共同調整你們之間的關係，好讓你更有安全感一些。我們嫉妒的對象經常是我們的伴侶，但也可能是兄弟姊妹、父母、朋友，諸如此類。

嫉妒，基本上是一種恐懼，是害怕自己被比下去，你嫉妒的對象未必是某人，說不定你也曾嫉妒某個電視節目、某份工作或某種嗜好，好比說，那是你伴侶所非常重視的，以致於你覺得自己相對之下顯得較不重要了。

羨慕和嫉妒彼此有異曲同工之妙，兩者都包含著一些相同的基本情緒：即憤怒、悲傷，和快樂，除此之外，嫉妒也是害怕自己被拋棄。

許多人覺得處理憤怒，比處理焦慮或恐懼來得容易，你全神貫注沉浸在自己的憤怒中，和全神貫注對抗你競爭者或你伴侶時，或許你會幾乎感覺不到自己的恐懼，如果你敢鼓起勇氣徹底擁抱你的恐懼，並將這恐懼告訴你的伴侶，比起你只表達憤怒時，他或她正面回應你的機率將提高很多。

如果你的伴侶嫉妒你

各種感受中，倘若可能牽涉到羞愧感時，很重要的是千萬別讓任何一方覺得自己是錯的。所以請盡力確保你們能在一種包容接納的氛圍下談論這件事，就算你可能覺得這樣很困難，或害怕這樣恐怕必須使你的自由受限也一樣。

或許你正面臨兩難，如果敢鼓起勇氣說出你的兩難，並讓你伴侶陪你一起想辦法，你們的感情將因而升溫。兩難的情境可能類似這樣：「每次我離開時，看到你這麼難過，我就想把行程通通取消，好看到你的笑容，和感受你的快樂，但要是我選擇放棄現在手上正在忙的這個案子、放棄這個讓我人生很有意義的案子，我怕我會變得太挫折、尖酸且難相處，你和我在一起也將很不愉快。」如果你的伴侶感受到他或她對你而言很重要，並感受到你作決定時有將他或她考量進去，他或她的嫉妒之意將自動消退。

嫉妒、低自尊和感情關係

有些人比其他人更容易心生嫉妒，如果你是那種很容易心生嫉妒的人，有可能是因為你對情緒很容易感受得很深，自尊越低，就越容易感到嫉妒，比起你自認是個特別的人，如果你自認是個比較沒有吸引力的人，你會比較容易覺得自己將被比下去，如果你很容易覺得自己很快就會因為一個「比你好」的人而被拋棄，那麼多鍛鍊自己的自尊，想必對你很有助益。

有時候受嫉妒所苦的案主登門求診，因為這位案主的伴侶送他或她來看我，希望我能從他們的心理移除嫉妒這種令人抓狂的情緒。

然而，依我的經驗，比起受嫉妒所苦的當事人，嫉妒更牽涉到整段感情關係，通常是兩人之中較敏感的一方會先感受出感情中有不對勁，或許是兩人之間從前的恩愛溫暖情感漸漸褪色了。嫉妒之意如症狀般浮現時，可有助於兩人把這當成一個共同的問題加以討論，這樣他們就能清楚體會到，感情關係若想要長長久久，是需要用心經營的。

不過，某些情況下，心生嫉妒的一方最好還是去接受治療，仔細釐清並處理導致他或她無法擁有良好且符合身心健康之自尊的真正原因。

概要

嫉妒之意，基本上最主要是害怕自己被比下去，有可能是心生嫉妒一方的自尊低所導致，或有可能代表著你的感情關係需要多用心經營了。如果能在你們雙方均不會覺得自己錯了的情況下一起談論嫉妒之意，那麼你們已經穩穩踏在找出解決辦法的道路上了。

第九章——認識你的焦慮感

恐懼本身是很自然的，有些人恐懼感太低了，他們可能太魯莽草率了，那樣也許會引起危險，我們讓自己的孩子去外面闖蕩時，我想我們大多人都希望孩子內心懷有足夠的恐懼感，才不至於危險，好比說，三更半夜還在陌生城市的危險街道上逗留，你的恐懼可分成好幾種等級，範圍從輕微不自在，一路到令心臟怦怦跳的恐慌焦慮症。我有些案主一開始告訴我，他們對焦慮感沒什麼概念，但等我慢慢說明焦慮感是怎麼一回事後，他們往往大開眼界，因為他們所顯現的某些症狀，其實就是一種焦慮症，以下圖表以圖形方式呈現出多種不同焦慮症狀。

宣稱自己從來什麼也不怕的人，對現實生活的了解並不正確，人生是危險的，我們將在人生中死亡，且不知道會是何時，我們不知道明天會發生什麼事，我們今天所作的決定，可能要多年以後才能看出其後果，對人生有一點不確定感，完全是很自然的。

焦慮的感受

心臟怦怦跳
胸口有壓迫感
呼吸困難
顫抖
冒汗
雙腿無力
頭暈目眩
吞嚥困難
如坐針氈
坐立不安
緊張
不自在
擔憂
難以放鬆
輕微不自在

焦慮感可能是個訊號，顯示四周有某個東西很危險，最好趕快逃離現場，但這個訊號也可能只代表有某個東西對你而言很重要，那麼最好迎向它，而非遠離它。

如果用0代表毫不焦慮，10代表最嚴重的焦慮，那麼我初次上台講課時，大約是8。症狀從前一天就開始了，包括反胃想吐的感覺，和輕微發燒。上台前的十分鐘，我心臟不斷怦怦跳，全身冒汗且呼吸困難。

我可以選擇當下就終止講師生涯，但我對分享心中想法的渴望太強烈了，這對我而言太重要了，因此反而選擇繼續和焦慮感共處。

距離我初次講課至今，已經過了九年，有時候，我仍可感到焦慮感的症狀若隱若現，但我從事自己所熱愛的事，所得到的快樂，遠遠勝過焦慮感所引起的不適。

如果你覺得無法對抗自己的焦慮感，並感到它阻礙了你表達真正的自己，或許不妨接受一下治療，透過認知治療法，只需幾次療程，焦慮感最嚴重的部分即可能獲得改善，你也能學到許多種自行調適焦慮感的技巧。

不過別忘了，得以透過認知治療法將問題全盤根治的個案，僅佔極少數，但一如我先前說過的，它能協助你改善最嚴重的部分，因此絕對值得納入考量，它能協助你釋放受到壓抑的能量，這樣你就能夠自行處理其他層面了。

焦慮感本身並不危險。你並不會因此喪命。焦慮感可能在你身體裡啟動某些歷程，譬如應變「若不準備打鬥就要準備逃跑」之緊急狀況所需啟動的歷程，如果感受到有危機逼近，也會啟動這種歷程。只要你徹底檢視一下焦慮感到底是什麼，並開始用更自在的角度看待你身體的某些感受，你的難題就已經開始化解了。

概要

感受到焦慮是很自然的一件事，請把它想像成一種訊號，顯示著四周有危險，叫你趕快逃走，或你也可把它解讀成，你正在接近某個對你而言非常重要的事物，如果是這樣，你最好擁抱焦慮感，迎向這個重要的事物，而別急著逃走。

越能熟悉焦慮感和它在你體內引起的相關感受，你就能越自在地面對焦慮感，最好的辦法就是和你的焦慮感變成好朋友，不妨歡迎它並允許它和你共處，但千萬別任由它決定你該做什麼或不做什麼。

第十章——

在感受越來越強烈時克制自己

在感受最強烈的當下，往往不是採取行動的最佳時機，強烈的感受容易讓視野狹窄化，我們因而難以再看到除了導致這現象之物以外的其他任何事物。對人生的宏觀角度不見了，短期目標忽然間顯得似乎比長期目標來得重要許多。

好比說，如果你非常激動，因為你收到一張意料之外的帳單，你可能會忘了自己戒菸的決心，並在那當下拿出一根菸做為安慰自己的方式。或你原本的長期目標是不要讓老母親擔心，結果你卻打電話給她，害她為了你因帳單悶悶不樂的事而操心了，事後你不但會為了帳單而感到失望沮喪，你也會因為自己未能將決心持之以恆而感到罪惡。

如果你正處於憤怒狀態，且很可能已暫時失去了理智，有時候，應對此時此刻的最佳辦法，就是別採取任何行動，不然只會使情況火上添油。你可以練習做的一件事是，在你情緒激動的時候，先克制自己一下，而別草率行事，你可以把克制自己當成在訓練自己培養一種技巧，就像培養任何其他技巧一樣。

感受強烈到你幾乎沒有情緒能力去應付，使你很想要未經徹底思索眼前處境就直接衝動反應時，很重要的是要在手邊準備好不同的策略，以協助你延緩你的反應。

延緩衝動行為的技巧：

- 泡個熱水澡或泡腳。

- 數到十。
- 去跑一圈。
- 打電話給朋友。
- 禱告一下。
- 放你最喜歡的音樂，可以的話，跟著音樂一起唱歌或跳舞吧。
- 擁抱你自己，並對自己說些溫暖的話，譬如：「眼前的處境對我而言實在很艱難，但我之前也經歷過類似的情形。這並不會要人命。明年夏天，等我在海邊沙灘上漫步時，這一切都將被我拋到腦後。」
- 列一份正面和反面的清單，把一張紙分成兩半，在一邊寫下你想採取之行動的好處，在另一邊寫下壞處，把這張紙放到一旁，去做完全不相關的事情一陣子，然後再回來，看一看剛才所寫的內容。
- 分散自己的注意力，譬如去看場電影吧。

請多想一些新方法，把方法寫下來，放在一個可輕易取得的地方。開始火冒三丈的當下，你可能會無所適從，因此把所列出的各種不同方法，放在隨手可得的地方，會是個不錯的辦法。

等你所經歷的情緒風暴平息後，該自我反省一番了。這些強烈的情緒試圖傳遞什麼訊息給你？關於當時的情境，或關於你的價值觀，這些強烈情緒代表著什麼？你人生中有沒有什麼需要改變的地方？

概要

你大發雷霆時，通常不宜採取行動。最好讓你事先準備好的技巧在此時派上用場，或許你已經握有一些很適合你的好技巧，不然你也可以從我的清單中挑選一些技巧，或自己研發一些技巧，開始練習。你越擅長克制自己，就越不需要花那麼多時間和精力去感到內疚，或替自己的衝動行為收拾善後，由此所節省下來的時間，可運用在你的長期目標上。

第十一章——讓喜悅和快樂綻放開來

在本章的一開始，我想談談真實的那種快樂，如今的快樂，堪稱某種成就。如果你上約會網站逛一逛，會發現大多會員在自己檔案中都提到他們有多麼快樂，安養院的一位年長女士曾告訴我：「我永遠都很快樂……因為我非快樂不可呀，不然誰也不會想來探望我了。」

見到某人對你微笑時，你並無法確定她內心深處是否真的快樂，一抹微笑可用來做很多種事，微笑可能代表此人對你有好感，也可能只是很表面的表情，未說出口的暗示其實是：「你看我過得多好」或「你看我這個人多棒」。或也許微笑只是她用來掩飾自己焦慮或憤怒的面具，如果和某個快樂的人待在一起讓人不舒服，有可能是因為這份快樂本身並非真實的。

見到只為了表現給人看的快樂，可能會令人不舒服，如果是發自內心的快樂，那就迥然不同了。

憤怒通常會讓人封閉自我和自怨自艾，真正的快樂則會讓我們變得柔軟和開放，後者的例子可清楚見於由凱倫・白烈森原著，由加百列・艾塞爾執導的電影《芭比的盛宴》（Babette's Feast）。

芭比邀請了一群儉樸的挪威教區會友共進晚餐，客人們不但在金錢上很貧窮，也缺乏活力和喜悅。芭比花了很長時間準備這場晚宴，也耗費鉅資購入食材，成果是一頓風味絕佳的盛宴，我們看到了客人之間的氣氛轉變了，變得溫暖又快樂，他們在晚宴中所體驗到的豐盛喜悅，為他們注入了更多活力，讓他們得以敞開心扉，昔日的恩怨化解了，取而代之的是愛和理解。到最後，每個人都牽起彼此的手，大家一起跳舞。

這個例子說明了，投入資源經營喜悅，能讓人敞開心胸，並啟動正面的波動，能如投石子到水中般激起陣陣漣漪。

增加快樂經驗的方法之一，就是在做一日之計時要精心安排，讓一天之中留有足夠的餘地給快樂，和從事讓人快樂的活動。並要同樣精心刻意地鼓勵你所愛的人一起跟進，並給予他們足夠的空間去做這件事。因為快樂是會傳染的。

缺乏喜悅的症狀通常是倦怠，這就是為什麼你通常會想要窩在床上睡覺，但休息和睡眠其實無助於這種形式的疲憊，這種疲憊事實上代表著你的「快樂」指數太低了，在這種情況下，你更需要的是快樂的活動，而不是睡眠。

你可藉由以下的表格，檢視自己生活中的快樂程度，這個表格也可見於附錄二，你可用一星期為單位，進行一次快樂分析。從0到10的量表衡量你的快樂指數。在這一星期中，你應該把焦點放在快樂上。每當你發現自己越來越快樂，就把指數寫進表格裡。你那當下正在做什麼，請在指數旁，寫下幾個關鍵字。舉例說明：4，剛割好草皮；7，女兒來電，感覺很好；3，出太陽了。附錄二是個完整的表格例子。（在我網站上也有表格例子可供列印，請見：https://www.highlysensitive-hsp.com/books-about-psychology/the-emotional-compass。）

快樂分析表

	前半上午	後半上午	中午	下午	晚上／夜間
星期一					
星期二					
星期三					
星期四					
星期五					
星期六					
星期日					

等這星期結束後，你可以根據這表格，看看你日常生活中的快樂是否充足，還是需要加把勁增加你的快樂。

如果你需要更多快樂，不妨參考以下建議：

- 買一束花送給自己。
- 去郊外大自然走走，去看看美好的景物。
- 觀看一部好電影。
- 觀賞一件藝術作品。
- 做一頓好吃的飯，點蠟燭，放你最喜歡的音樂，好好享受這頓飯。

建議你自己列一張能帶給你快樂的活動清單，貼掛在一眼就能看見的地方，你在壓力很大且最需要這些活動時，很可能無法想起它們。

不妨從你一星期下來所填寫的表格尋找靈感，可特別留意快樂指數高的欄位。問問自己：「我當時在做什麼，怎麼那麼快樂？」以及「我有沒有可能更常做這件事？」

做好事

另一種獲得正面感受的方法是，做一些會讓你對自己心滿意足的事。依據我們行為的不同，在心中所留下正面感受也會有所不同。好比說，喝一杯熱呼呼的咖啡配巧克力是很快樂的，把一份差事圓滿完成也是很快樂的，兩者都能帶來正面的感受，但前者的感受比較短暫且較容易被淡忘，後者的感受則將較為持久，如果你完成後能讓別人獲得一些快樂，就更是如此了，說不定過了一年，你仍能記得，你替鄰居剷除他車道的積雪時，讓他不知有多高興，而且一回想起這件事，就讓你心中充滿喜悅的正面感受，說不定過了十年後仍是如此。

在我擔任牧師，教導即將領受堅信禮的教友時，我給他們的功課是回家後，去做一件能讓別人高興，也能讓他們自己心滿意足的事。他們下次回來上課，分享他們的所作所為時，課堂上充滿著具有傳染力的那種喜悅。有人和弟弟一起踢足球；有人自告奮勇去洗碗盤，令他父母大吃一驚。還有人割了草皮，每個人一面說著自己做了什麼事，一面散發出越來越濃的滿足感和喜悅，課堂上的氣氛也變得越來越輕鬆和溫馨。

概要

如果你希望能在每天生活中享有更多正面的感受，方法之一就是在你生活中加入更多喜悅，或做一些長期下來能帶給你自己和別人快樂的事情。

你是否習慣日復一日地過日子，從來不太思索自己喜不喜歡這種日子？一種或許適合你的新方法會是細心規劃你的行事曆，並撥時間做一些你想做的事，或做一些由於是也能為別人帶來快樂的好事，故能讓你對自己感到心滿意足的事。

第三種增加快樂感的方法，是經營你的人際關係，一個人身心是否愉快，有很大一部分取決於他們友誼和人際關係的品質。

第十二章——經營你的人際關係

你越能和周遭的人相處融洽，在日常生活中就越能夠發揮自己，有時候，案主上門求診時，是希望檢視某段人際關係能改善到什麼程度，這段關係的對方有可能是姊妹、母親、子女，或伴侶。譬如說，他們可能想問，如果更誠實一點，對這段關係是否有助益，還是會毀了這段關係？

光是能夠和第三方或專業人士談論一段人際關係，就已可能替你釐清你在這段關係中能有什麼樣的貢獻。

如果你經歷到挫折或厭煩

關於自己的溝通情形是如何，有些人覺得別想太多也無所謂。他們喜歡率性而為，不假思索，心裡想到什麼就說什麼。如果你屬於這種人，而這種方式也很適合你，那麼並不需要深入檢視各種不同的溝通模式。

如果相反地，你正在尋求更深入的了解，並經常覺得率性而為的溝通方式很無聊，那麼你不妨進一步熟悉各種不同的方式，好讓你變得更強，也多採取一些作為，為你和別人之間的溝通增添新意。

在我的著作《高敏感是種天賦：肯定自己的獨特，感受更多、想像更多、創造更多》（Sand 2016）中，我曾描述你如何能在溝通層次的四種階段中深入或淺浮，以及你如何能練習針對別人在與彼此溝通過程中所發送出來的訊號，給予和接收更細膩的回應。由於本書篇幅不足以一一詳述各種溝通模式，這部分請參見《高敏感是種天賦》。

你們倆之間有敵意或有疏離感時

如果你們倆之間有疏離感，或甚至是對立感，你可以有兩種處理方式，一種是把關注焦點放在難題上，一種則是試著喚起對方的喜悅感。如果你選擇的是前者，你想必會設法和他們談論這件事。最理想的情況是，你和對方雙方都得以表達出這段關係中令自己沮喪或憤怒的事情為何，然後或許你們雙方都將願意各退一步，各為負面的部分承擔起自己的責任，並為自己的不適當或對這段關係無建設性的言行感到後悔遺憾。

但一同談論難題，不見得總是可行的，如果你開口想說明哪件事令你傷心或不高興，恐怕會讓對方只想要避而不談，而且並非人人皆已準備好要承擔起自己的那部分過錯，有些人還不夠堅強，任何責任都不想承擔，這種情況下，談論負面的部分並不能產生任何釋懷的效果。

另一種可能性是在這段關係中率先釋出善意，如果你正在生你伴侶的氣，做一件能夠喚起他快樂感的事情，可能會讓你覺得有些彆扭，但反正就試試看嘛，親他一下，對他笑一個，告訴他你喜歡他的哪一點，然後靜觀其變吧。說不定他的反應將喚起你莫大的快樂感，結果不論你原本在生他什麼氣，都變得不重要了，或許將來也不需要再提起了，或就算再提起，說不定也能一笑置之。

雙方是夫妻時，我注意到通常是女方會想要談一談，男方則比較想買一束花和說些甜言蜜語，最好的方式盡量這兩種方法都輪流使用。不過，有些人際關係中，談論難題一點用也沒有。這將在下一章進一步探討。

用一封道別信檢視這段關係

每當有案主想要檢視一段人際關係時，我通常一開始都會給他們做寫信的小練習：寫一封道別信給關係中的對方，這封信不應交給對方；你寫這封信純粹是為了你自己。透過向某人道別的舉動，我們能更清楚感覺出對方所扮演的角色對我們有多重要，在這過程中，我們也更加意識到自己對於這個人的感受。

之所以必須是道別信，而不是一般的書信，是因為道別時，我們比較能把事情看得更透徹，就像一個大限將至的人回顧人生時也能把事情看得更透徹，他或她能看出一些當下經歷時所不曾看出的關聯性。

你寫信時，很可能會發現自己宛如後退一步，從較遠處觀看著對方。這種距離感讓你得以不再用平常的眼光（這眼光其實比較是依據你自己的心願和需要）看他或她，而是把他們當成一個普通人來看待。這種距離感通常會讓人大開眼界，並能讓你更看清你們這段關係的本質，以及看出你如何能改善這段關係。

事後，你可能會想要把這封信交給當初寫信的對象。但大多時候，如果要交給對方，最好另外再專門寫一封信。這是因為，發自肺腑寫一封信以了解自己並表達自己的感受，和希望藉由寫信敲開別人的心扉，兩者間其實有很大的差異，請想像一下對方如果收到信後會有什麼樣的感受，他或她需要聽到的，可能是截然不同的內容。

在這段關係和你的個人目標之間作抉擇

你也可以問問自己，何者比較重要：是這段關係，還是你的個人目標。最重要的，是要在此時此地獲得你所想要的東西，還是要和對方保持良好關係？有些人太專注於其中某一項了，以致於會顧此失彼。

如果因為滿足別人對你的期待對你而言非常重要，因而使得你很少達到自己的目標，那麼你或許應該練習堅定地讓你的心願實現，就算這意味著恐怕會惹得你朋友或同事對你有所不滿也一樣。

如果相反地，你比較容易和別人起衝突，有可能是因為你太汲汲於追求自己的目標，以致於忽視了和別人建立深厚關係的重要性。如果情況屬於後者，你可以練習多把關注焦點放在人際關係上，譬如說，你可選定你的某段友誼或人際關係，並下定決心在某段時期內，優先關注這段關係，而少花些精神關注你的目標或需求，你多半會發現，這樣將為你們雙方帶來一種新的快樂，而且你長期之後達到你個人目標的機會其實將增加。

概要

我們所選擇參與的人際關係，對我們的身心健康極為重要，如果你在你某段或大多人際關係中感到乏味無聊，或你在其中感到疏離或對立，盡力設法改善這情況會是非常值得的。

你有兩條路可走。如果你向來習慣正面迎戰難題，並想要把難題說清楚講明白，你不妨一試的新方法或許是做些能讓對方快樂的事，而倘若你總是盡你所能地取悅對方，卻傾向於在談論難題時退縮，你可以想想看，把問題談一談，是否能讓你的人際關係變得更有深度和更有意義。不過要知道，第二種方法未必對所有人際關係都能奏效，因為它前提是你們雙方的自我形象都要既強且有彈性。

第十三章——別解釋了

拓展你的自我形象

關於別人眼中的我們是什麼模樣，我們內心都有個形象或概念。基本輪廓是於童年時期形成或塑形的。透過我們在父母眼中的形象以及他們的反應，我們認識了我們自己是什麼樣的人。

如果你父母曾有精力細心探究當時的你是個什麼樣的人，並以言語具體描述出來，那麼你對於自己是個什麼樣的人就會有很強烈的感受。你越深信並自信自己是個很ＯＫ的人，你和別人交流時就能越有彈性，也越能對別人的嬉鬧嘲逗微笑以對。

我們某些人成長過程中，父母並未能知道如何辨悉當時的我們是什麼樣的人，因而無法協助我們釐清這件事。或許他們所反映給我們的映影是錯誤的，因為他們只從我們身上看到他們所需要看到的部分。或許他們需要自己的孩子比別人家的孩子強，於是以太過正面的方式反映給我們，也或許他們從我們身上看到的是他們自己受壓抑的負面層面，於是以太過負面的方式反映給我們。

你兒時未能被你父母看到、接受或正確反映的領域，將是你長大成人後會出現難題的領域。

或許你不確定自己是個什麼樣的人，也或許你的自我形象是模糊不清的，因此前一秒你覺得自己是個魯蛇，下一秒又覺得自己是個英雄。

有些人的自我形象太狹隘了。比方說，如果你認為自己是個很強的人，不論遇到任何情況都有辦法應付，那麼必要時你將很難向別人求助，你一般來說也很難接受自己有弱項。而如果你自詡是個永遠樂於助人的人，你將很難設立人我之間的界線，當你沒有餘力幫助別人時，你也將很難接受這樣的自己。

如果你無法確定自己是個什麼樣的人，無法確定自己是否是個ＯＫ的人，或甚至廣泛來說是否值得被愛，你將比較容易受別人對你的言論所影響。如果有人暗示說你是個，比方說，自私的人，你將變得非常激動，並亟欲想出一大堆解釋，以說服對方相信他們大錯特錯了。

提出解釋

如果你知道你是個什麼樣的人，且對這個形象感到很自在，你將不會覺得有必要搬出一大堆解釋，你只會展現出如實的你。

大多解釋的用意，都是為了要確保對方有以正確的方式看待你；也就是說，要確保對方有以你所希望的方式看待你，此外也要確保對方並未以被你視為負面方式的方式來看待你。

如果你經常覺得有需要向別人解釋你是什麼模樣或不是什麼模樣，你可能已經注意到，這樣有時會惹惱他們，大多人會喜歡以他們自己的方式來看到你和體驗你。然而，允許他們這麼做，有時候可能頗令人焦慮不安。

有些人會開始解釋個不停，完全停不下來。說不定他們深怕自己遭到遺棄，因為他們內心深處認為，要是他們未能以某種特定方式被看到或被聽到，人人都將棄他們而去，說不定這是他們以前能稍微獲得母親或父親正面關注的唯一方式。

為了徹底且真正地活在當下，人與人在與彼此相遇時，必須要有勇氣直視彼此雙眼，和敞開心胸感受彼此。與別人相遇時，如果你鼓起勇氣傾聽，以專注且開放的心態，學習關於你自己和對方的全新事情，你們之間將形成非常優質的交流。

如果你總是忙著想告訴對方你是個什麼樣的人，你想說的事可能會成為阻礙，使你不論和任何人都無法展開一次真正振奮人心又真誠的邂逅。

無法說清楚講明白時

有些人之所以接受心理治療，是因為他們吵架時往往變成鬼打牆，每次想把事情說清楚講明白，都以發脾氣和指責收場。我請他們互相面對面坐下來，讓我看看他們試圖討論事情時通常會怎麼進行，往往顯然雙方的自我形象都很脆弱，各自多少都覺得自己受到威脅。

或許整件事一開始就是彼此重視的層面互有衝突，對於在何時和何地管教子女，他們互有歧見。他們並不是坦然接受彼此各持有不同意見，於是各自表述自己的意見，並找出一個折衷的辦法，反而是開始對事情加以解釋——而事情往往也就在這時候開始變調。

女方解釋的目的，是想說服男方，她對眼前情況的觀點才是正確的，而且要照她的方式進行，才是好的教養方式。問題在於，她的解釋，聽起來卻像是在批評他，倘若她的做事方式是所謂的「好的教養方式」，那麼他的做事方式又是什麼呢？而且他也支持一些她所謂「好的教養方式」以外的其他一些事情，那麼在她眼中，這言下之意又是什麼呢？如果他的自我形象是脆弱的，他將會感到自己受到攻擊，想必會透過提出解釋來捍衛自己。而他的解釋將令她感到自己受到批評了，於是爭執就這樣沒完沒了。

唯有在雙方各自都有能力視自己為一個犯了部分錯誤的個體時，談論問題才是可行的。必須要有能力接受自己是一個害怕自己不被愛的個體、是一個導致對方不愉快的個體。在最好的情況下，你們可以「各付各的」，也就是說，你們對負面的事情各擔起一半的罪咎，並各自向對方道個歉，這就是所謂的有建設性的和解。

但並不是人人都能做到這樣，如果你的自我形象很薄弱，正視自己的過錯可能會引起太深的焦慮感。

有些人因此選擇從來不為任何事擔起罪咎，他們從來沒有罪惡感，因為他們從來不覺得自己做錯了什麼，他們將否認自己對負面的事情有任何罪咎，會說些類似這樣的話：「我是不得已的……我也沒別的辦法呀。」而如果你暗示他其實可以採取不同的做法，他便會開始滔滔不絕地解釋，說不定還會惱羞成怒，但絕對不會道歉，他無法面對自己的過錯。

如何讓一段關係更有深度

我們敢勇於表達負面感受時，這段關係就會變得更有深度。如果雙方各自都有能力表達出負面的部分，並接受自己內在和對方內在的這些部分，就可望達成有建設性的和解，這時不論是負面或正面的部分，雙方均能共同承擔，良好的情緒交流也因此變得可能了，一方將有能力面對另一方的負面感受，且不覺得自己有需要為自己解釋，不論從哪一方的角度來看，這段關係都會變得更有深度，身在其中也會更有安全感。

別指望所有的人際關係都能變得更有深度，說不定你連和你伴侶的關係都無法變得更有深度，一如先前所說的，必須要雙方都有意願視自己為一個會犯錯且有時候可能導致別人痛苦的個體才行，這並非人人都能做到，如果你的伴侶無法做到，你最後可能會浪費了很多精力試圖要他為負面事情中他那部分的罪咎負責。

而除非他本身有很強烈的意願要真正身體力行，不然什麼也不會改變，試圖把事情說清楚講明白也將會是浪費時間而已，還不如把你的精力用來釋出些善意，對他說些好話吧，他真的很需要聽到好話，從事你們倆都能接受的活動時，多多享受和他共處的時光吧。如果你能放下執念，不再認定他非得要具備某種他所沒有或不希望培養的深度，你將更能夠欣賞他既有的優點，說不定你可以透過其他管道獲得你這段關係中所缺乏的東西，或說不定讓關係具有一定的深度對你而言太重要了，因而你將離開他，轉而去其他不同關係中尋求深度。

練習提出陳述，而非解釋說明

如果你能單純說出你實際的感受，而非解釋這份感受該如何被知覺，你的人際關係將更順遂得多。譬如，你可以說：「我能感覺到我開始冒汗了」，而別說：「別人只要批評我，我就很難受，我就是這種人，而這是因為……」

比起解釋你為什麼會有某些感受和為什麼會想做某些事，說出你實際的感覺、感受和需求，更能帶來交流感和親暱感。你並不需要解釋，不需要捍衛自己，或替自己辯解，事情就是這樣，完畢。

你並不需要對方的理解。和我會談的許多人，尤其是女人，曾花無窮時間且費盡唇舌，意圖讓她們的先生了解為什麼她們想要做某些事情。而先生說不定永遠也不會有興趣了解，因為那和他本身的心願是互相違背的。所以她最後變成在對一個根本無心聆聽的人一而再再而三地解釋。他聽她解釋到後來，可能會很不耐煩甚至火大，畢竟他從來就不曾要求她解釋。你不需要別人的理解。請說出你想要的是什麼，然後請對方尊重這件事。這樣就夠了。本章末尾的故事〈希望〉即是一例。

永遠不嫌太遲

幸好，認識真正的自己，並對自己感到舒服自在，永遠不嫌太遲，你父母在你兒時該給你的反應，在你成年後仍是可以取得的。

或許你長大成人後，曾遇過有人說了些關於你的事，且你能感受到你的直覺反應是：「對，我就是這樣。」這種時候，你便是替你真正的自我形象放上了一塊新的拼圖，讓你的自我形象更完整了。

有時候，案主登門求診時，希望我提供的心理療程是協助他們找回自我。這種時候，我會把傾聽、接納和反映視為己任。在他們透過我獲得鏡映的過程中，他們將會想要跳過任何對他們無用的東西，並找出在更深層面適用於他們的拼圖片段。

除了鏡映他們之外，我也協助他們透過其他管道取得鏡映，他們能透過鏡映取得越多種觀點就越好。我可能會請他們回家做這項小練習：「去找三個人，問以下這個問題：『你對我的印象是什麼？』並在我們下次見面時告訴我，別人的回答是什麼。」對大多人來說，聽到別人對他們的看法如何，是一次很棒的經驗。有時候，他們所聽到的內容實在太風馬牛不相干了，因此完全沒用，有些時候，他們則獲得了非常重要的資訊，可讓他們用來加深對自己的信心。

概要

如果你經常作長篇大論的解釋，一種或許適用於你的新方法是設法強化你內在的自我形象，這方面，你可以向你朋友或專業人士尋求協助。

你內心能獲得的信心越大，你的立足基礎就越穩，你也將越能有勇氣在人際關係中自在真誠地自處，不會老覺得有解釋的必要。

你的自我形象越是具有接納性和彈性，且你越善於了解自己，就將越有能力接納別人，進而營造出一個良好且有安全感的氣氛和環境。

一位古希臘哲學家曾說：

所謂睿智就是了解自己，
就是知道你是誰
並在內心培養出
能讓你獨一無二的內在力量。

故事

希望

她原本希望他終有一天能了解。

她一直努力想辦法盡量清楚地表達自己，她花很多時間想找出正確的字眼，每次只要一想出能用來描述她痛苦的新詞彙，她就會滿懷期待地說給他聽，她最大的夢想就是想像著他臉上的表情將起變化，他將溫柔地望著她，說：「我這下子明白為什麼你受不了了。」

通常有非常充裕的時間可以排演和反覆練習這些詞彙，她從過去的經驗得知，需要事先讓他有心理準備，這就是為什麼她一開始總會小心翼翼問他是否有空稍微談一下，她說出這些話的時候幾乎不敢抬頭看他，然而她卻忍不住用眼角餘光偷偷瞥看他。她所偷看到的他，幾乎令她先前的談話欲望瞬間被抹煞殆盡，他的表情看起來彷彿她剛朝他臉上潑了一桶髒水似的，一副人在心不在的模樣。不過，他一向答應每星期會撥出一段時間來，而就是在這種時候，她會在內心不斷和自己對話，以確保自己會盡可能清楚地表達自己。

她尚未想出正確的字眼，或至少，那些字眼還沒達到她心目中的理想效果。

＊

她排隊等待心理治療師奧立・彼得森的門診好幾個月了，她事先從網路上研究過他的照片，但她還是忍不住覺得他本人長得和照片不一樣，他看起來不像個專家。事實上，他顯得有些缺乏安全感，從某方面來說，他太像普通人了，她很擔心他不是真的有能力協助她，她很擔心他不是真正適合她的治療師。

「你能幫我嗎？」她低頭望著桌面問。

奧立・彼得森靜靜坐了一會兒，只凝視著她，彷彿他需要時間消化她的故事。

「你希望我怎麼做？」他於是問。

她驚訝抬頭。「我希望你能幫助我找到夠好的正確字眼，這樣我才能和他溝通無礙！」

他再度默默坐了一會兒，他都還沒開口說話，她就從他臉上表情猜出並得知，答案會否定的。

「但我可以教你別的新東西。」他說。

＊

她思緒混亂，步伐蹣跚地出來回到自己車上。感覺就像她內心的拼圖通通被打散了，某幾片拼圖的形狀被改變了，導致她拼湊不回去。

她一路哭回家，為了先前虛耗的人生而哭，她居然花了那麼多力氣，想要讓他從她的觀點看事情。她現在能客觀看待自己了：苦苦哀求、懷抱希望、拚命踮起腳尖，只求他能理解，真是白費力氣呀！

到了別墅，那裡夠清靜，她才能試著再找回自己，她去海邊漫步許久，海風很強勁，正好很適合此刻的她，颯颯的強風和怒吼的海浪，讓她得以無後顧之憂地吶喊和痛哭，不用擔心任何人聽見。就算頭髮亂了、臉憔悴了，那又怎樣？

她內心有東西碎了：她的信念碎了，她原本深信，等到她有辦法用最精確的方式解釋出自己的那一天，他就將把他自己的需求擱置一旁，並給予她所從來未能得到的東西，那是只有孩童才能從父母身上得到的東西，也就是說，那是只有小時候才能得到的東西，為什麼她直到現在才認清這一點？除非真的非有這種必要不可，或她一定要確定能獲得什麼回報才行，不然連她自己也不會願意為了別人而把自己的需求擱置一旁呀。

她再度為了自己的童年而痛哭，為了自己曾如此努力爭取卻得不到的東西而痛哭，她回想六歲時的自己，坐在父親面前，父親正在看報紙。她會用她那水汪汪的大眼睛巴巴地望著他，拚命暗示著：「你快看看我，快看到這樣的我，快抱抱我！」

「你不是要出去玩嗎？」她父親好不容易抬頭後會這麼說。

這便是她記憶中的童年，總是渴望成為某人的目光焦點，渴望被接受和理解。她現在似乎比之前又更能感覺到自己的悲傷一些了，同時又似乎有某個東西稍微鬆手了些，不再那麼緊緊抓住她了。

過了幾天，她回家了。她出來到院子裡。她在外面站了一會兒，隔著窗戶觀看他，她覺得他看起來似乎小了一號，且有點悲傷的樣子，他肩膀有點向前縮，顯示他也有自己的煩惱，她打開院子的門，聞到新開的接骨木花的芳香，院子噴泉水池的潺潺水聲，對她向來有安撫鎮定的作用。

他聽到她靠近，便轉過來面向她，他看起來很高興，她直視著他。

「我有些話必須要跟你說。」

「好！」他訝異地說。認真的表情取代了原本的笑容。她看到他緊緊握住草耙的握柄，握得手指關節變白了，彷彿他想藉此尋求支持。

「我討厭你一大清早就把收音機開得很大聲。」

「好！」

「這種事你不懂，永遠也不會懂，因為你不知道神經敏感是什麼感覺。」

「對！」他兩眉之間的溝紋稍微放鬆了些。

「我受不了了，以後也不想再忍受了。」她定定直視他雙眼，在那一刻，她感到自己變得完整了。

「噢。」他撇開目光。

「你能尊重這一點嗎？」她繼續說。

現在他直視著她，彷彿這是他頭一遭看到真正的她。

「大概不尊重也不行了吧。」

「對，如果你想要和我一起生活就得這樣。」

「我想要和你一起生活呀，漢妮，我好想念你呢。」

附錄一——寫一封道別信

可以藉由這些問題引導你，也可以寫完全不同的內容，只要是發自內心即可。

- 你所失去的美好事物是什麼？
- 你想為了什麼事說謝謝？
- 這段關係中最不愉快的是什麼？你希望自己能擺脫掉什麼？
- 你原本希望自己從對方身上獲得什麼？
- 你在這段關係中付出了什麼？（譬如「我這樣這樣時，你應該變得更快樂了」或「我那樣那樣時，你的痛苦應該減輕了」）

- 你原本希望再多付出什麼？
- 你原本希望你們的關係是什麼樣子？
- 你原本希望如今你能和對方一起做些什麼事？
- 你最想念這段關係中的什麼事？
- 你祝願對方什麼事？

例子A

親愛的霍伊別市套房：

你為我遮風避雨了四年，我為此很感謝你。我變得對你很熟悉，這讓我很有安全感。低廉的房租讓我得以享受經濟上的自由，能和克絲汀住得很近真的很棒，單車能到的距離範圍內就有三家超級市場也是很愉快的事。

但我最喜歡的莫過於你離馬賽黎斯堡（Marselisborg）海灘和森林很近，不論我心情好、心情不好，或思緒紊亂時，都能騎單車到野外散心，大自然能讓我心靈平靜。

如今我很想念和那麼壯麗的大自然景色為伍的日子，要是能保有這景色不知該有多好。

但我也很高興不用再忍受一些其他事情，隔壁鄰居的噪音，常常半夜把我吵醒，它越來越令我心煩氣躁，我簡直要受不了了，我很想念能坐在自家戶外而不受打擾的感覺，但這在霍伊別市卻是不可能的，因為和對面大樓的窗戶靠得太近，不論我坐在哪裡，都覺得會被人偷看。

總之，我要為了這四年說聲謝謝你，謝謝你讓我得以去野外散步、得以隨時想和克絲汀碰面就碰面、得以輕鬆付低廉房租，以及得以靠單車走透透。我正需要這份平靜，以面對生活中的其他考驗，而當時的努力，現在有了收穫成果，我為此謝謝你。

愛你，

蘇菲

例子B

以下這封信是在喪親十六年後所寫的。信的作者瑪莉安一直不斷夢到她姑姑回來了，每次醒來都很悲傷又挫折。

親愛的茵嘉：

如果不是因為你，我的人生不會如此豐富。你有一種創意無窮的性格，你有自己獨到的想法。你有時候也許有點瘋瘋癲癲，但絕對不會無聊。

從外表看來，你很有個人魅力、對別人興趣十足，且善於傾聽，你是每個人都想親近的那種人。但很少有人有機會真正認識你，幾乎沒有人知道你內心其實非常非常痛苦。我還記得你有時候會三更半夜叫我打電話給醫生，請醫生趕來，給你注射一劑強力止痛劑，當時我並不明白為什麼醫生們對注射這麼猶豫，最後你終於受不了了，你於某個聖靈降臨節的一大清早在湖裡溺斃了。

茵嘉，我想，面對這種事，沒有誰處理得比你處理得更好了，謝謝你沒有像你母親那樣，威脅著要更早就做這件事，我們很感謝你以良好且得當的方式做這件事，好讓我們在發現你的時候，你並沒有受傷或殘缺，謝謝你在前一天打了三次電話給我，告訴我你對我並無怨恨。我原本很氣你一直打給我講相同的事，但我如今明白，那其實是你對我的體貼，因為你並不希望我事後痛苦，也因為你知道你對我很重要，這麼做將有其必要。

不論是好是壞，你對我都很重要，在我家裡，我向來是個沒人想親近的人。多年來，我一直是你的寵兒，你喜歡和我膩在一起，你認為很多種事情我都很擅長，你深信我終有一天將闖出一番成績，你教我如何享受大自然和寧靜。我生病時，你趕來照顧我，你會在壁爐點火，你很懂得如何讓我有安全感，也會聽我說所有的心事，我們會互相拌嘴，共度快樂時光，你的羊毛燈籠短褲真是笑死我了。

我年紀很輕就成了媽媽時，你對我的支持也是無價之寶。

我結婚後，我們相處上立刻起了衝突，我當時二十三歲，很自我中心，沒怎麼想過這對你是多麼大的損失，你眼裡開始淨只有我的過錯，你把你所有的愛都只給我女兒，而且你一心想撫養她，結果變得肆無忌憚毫不尊重，我忍痛把你從我心中逐出，我們曾試著想共同教養這孩子，但我們的關係變得非常痛苦，且非常非常緊張。你撒手人寰讓我如釋重負。當時我實在不知該如何自處了。

但茵嘉，我現在想念你了，想念我結婚前我們之間的相處情形，如果你能看到現在的我，一定會以我為傲，你真該看看伊娃一天天長大的模樣。我們本該一同為此感到喜悅才是，看到現在事情一切順利，你本該要很高興的。

茵嘉，我昨夜夢到你了，我夢到你人就在這裡，但好一陣子都不肯見我，我總是在和你通上電話的前一刻醒來，夢中我忐忑地說：「茵嘉，能不能拜託讓我再和你見上一面？我好想你。」

我好想再見到你，再見一面就好，我不會一直碰你，我知道你不喜歡，真希望我能只把手搭在你肩膀上，直視你雙眼，說聲謝謝你，謝謝你所給予我的一切，謝謝你因為你在我身上看出了優點和長處，謝謝你的所有鼓勵啟發，你真的是個敢勇於特立獨行的人，我如今生活中有很多事情很順遂，都是你之前教我的。

我經常想著，如果你如今仍在世，我是否能幫得了你。

你縱身一跳了，你相信來生轉世，並認定你將從頭來過。

我衷心希望事情真的如你所願，一切順心了，衷心希望你已經和一群善良的好人從頭來過了，或希望你已到天國和上帝同在了，我希望祂把你擁在懷中搖哄，輕柔說著：「茵嘉，你這輩子很不容易呀，還好你已回來這個家園，再也沒有悲傷煩惱了。」但如果你選擇再度轉世凡間，我但願你能如願，願你一切都好。

送上千萬個愛的祝福，

永遠不會忘記你的瑪莉安

後記

瑪莉安朗讀這封信時，我們倆都哭了。這是一次很深刻的經驗。瑪莉安後來告訴我，從這天起，她就沒再做那個夢了。儘管以前光是想起茵嘉就令她痛苦不堪，現在回憶時卻能懷著感傷、平靜和感謝。

附錄二——**快樂分析表**

	前半上午	後半上午	中午	下午	晚上／夜間
星期一					
星期二					
星期三					
星期四					
星期五					
星期六					
星期日					

	前半上午	後半上午	中午	下午	晚上／夜間
星期一		工作上獲讚賞 7	同事向我徵詢意見 3		
星期二	在露天座位喝咖啡 4		之後慢跑了一下 6	對一個困難的情境說了不 4	姊姊來電 6
星期三		收到邀請 5	在外面坐著曬太陽 8	去圖書館領新書 3	美味晚餐 4
星期四		寫完報告了 7	收到顏斯傳來窩心簡訊 6	我最愛的茶葉在特價 3	
星期五	自製捲餅 3		享受了美好午餐 4	同事說我是個很好的傾聽者 2	點蠟燭和看星星 7
星期六		打掃了家裡 3		泡澡泡了很久 4	跳舞 8
星期日	舒服地賴床 9		整理盆栽 3		親密對話 6

致謝

多年來我在許多不同場合，很愉快地聆聽執業心理治療師暨神學者班特・佛克聰穎睿智的話語，他的引導協助我發掘了我一些連我自己都不曾知曉的層面。

感謝完形分析學院院長暨應用心理學碩士倪爾斯・霍夫梅耶，他帶給我莫大的啟發，特別由於他在闡述人類心理時，擅以簡明又精確的方式表達自己，讓聽眾因他的字句而頻頻點頭且讚嘆。

感謝應用心理碩士彼得・史多格，他讓我了解到追蹤關注心理學研究的重要性，並讓我看到認知治療法的潛力。

感謝在診療室裡和我會談過的每個人，也感謝曾聽過我演講或上課的每個人，特別感謝允許我把你的故事寫在這本書中的人。

也感謝所有曾讀過這本書的初稿並給過我指教的人，少了和你們一起進行的那些熱烈討論，這本書在示意和表達上便無法如此精確。在此想特別感謝馬汀・霍斯楚普、珍妮・瑟西莉・禮果德、克麗絲汀・桑德，和琵雅・夏爾德。你們各以你們獨特的方式在這本書中留下了你們的足跡。

參考書目

- Beck.J.S. (2011) Cognitive Behavior Therapy:Basics and Beyond (Second Edition) .New York,NY:Guiford Press.
- Buber,M. (2010) I and Thou. Eastford,CT:Martino Fine Books.
- Davidson-Nielson,M.,and Leick,N. (1991) Healing
- Pain:Attachment,Loss,and Grief Therapy.London:Routledge.
- Knudsen,PØ (1998) Passioner:Atten stafestamtaler.Copenhagen:Gyldendal.
- Miller.A. (1997) The Dreama of the Grifted Child. New York,NY:Basic Books.
- O'Toole,D. (1998) Aarvy Aardvark Finds Hope.
- Burnsville,NC:Compassion Press.
- Rosenberg,M.B. (2003) Non-violent Communication:A
- Language of Life.Encinitas,CA:Puddledancer Press.
- Sand,I (2016) Highly Sensitive People in an Insensitive
- World:How to create a Happy Life. London:Jessica Kingsley Publishers.
- Selva,D.,and Coughlin,P. (1996) Intensive Short-term Dynamic Psychotherapy:Theory and Technique.London:Karnac Books.
- Yalom,I.D. (1980) Existential Pstchotherapy. New York, NY:Basic BOOKS.
- Yalom,I.D. (1980) Cognitive Therapy for Personality Disorders:A Schema-Focused Approach. Sarasota, FL:Professional Rwsource Exchange.

國家圖書館出版品預行編目資料

敏感得剛剛好：高敏感族情緒整理術，讓憤怒、悲傷、嫉妒、焦慮不再破壞你的人際關係！
／伊麗絲・桑德 (Ilse Sand) 著；梁若瑜 譯．
-- 初版. -- 臺北市：平安文化, 2019.3
面； 公分. -- (平安叢書；第626種)(Upward；100)
譯自：The Emotional Compass: How to Think Better about Your Feelings

ISBN 978-957-9314-22-0 （平裝）

176.52　　107023556

平安叢書第626種
UPWARD 100

敏感得剛剛好

高敏感族情緒整理術，讓憤怒、悲傷、嫉妒、焦慮不再破壞你的人際關係！

The Emotional Compass:
How to Think Better about Your Feelings

作　　者—伊麗絲・桑德
譯　　者—梁若瑜
發 行 人—平　雲
出版發行—平安文化有限公司
台北市敦化北路 120 巷 50 號
電話◎ 02-27168888
郵撥帳號◎ 18420815 號
皇冠出版社（香港）有限公司
香港銅鑼灣道 180 號百樂商業中心
19 字樓 1903 室
電話◎ 2529-1778　傳真◎ 2527-0904
總 編 輯—許婷婷
責任編輯—平　靜
美術設計—嚴昱琳
著作完成日期— 2016 年
初版一刷日期— 2019 年 03 月
初版二刷日期— 2022 年 01 月
法律顧問—王惠光律師

讀者服務傳真專線◎ 02-27150507
電腦編號◎ 425100
ISBN ◎ 978-957-9314-22-0
Printed in Taiwan
本書定價◎新台幣 320 元／港幣 107 元